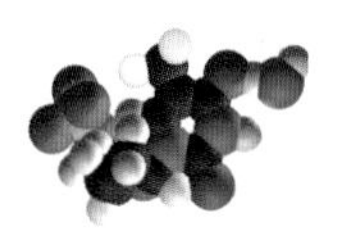

[...]ATION [...]IELLE

[...] CHAPITRE [...] DÉTACHE UN TEXTE COURT COMPOSÉ EN MAJUSCULES, QUI MET EN RELIEF UNE IDÉE ET FOURNIT UNE INFORMATION IMPORTANTE POUR LA COMPRÉHENSION DU SUJET. IL SERT AUSSI D'INTRODUCTION AUX LÉGENDES DE TOUTES LES ILLUSTRATIONS DE LA DOUBLE PAGE.

L'ILLUSTRATION PRINCIPALE

Chaque chapitre est complété par un ou plusieurs dessins en couleur offrant des reconstitutions – exécutées d'après les témoignages fossiles – des formes animales ou végétales disparues et, le cas échéant, des photographies des espèces actuelles.

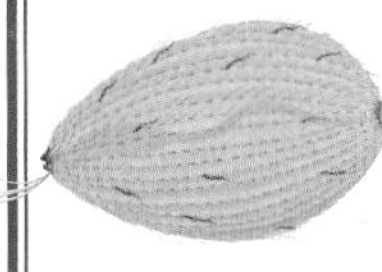

UNE PETITE HISTOIRE

Pour chaque chapitre, un petit texte encadré par un filet et illustré par un organisme unicellulaire raconte une histoire en rapport avec le sujet général de la double page.

    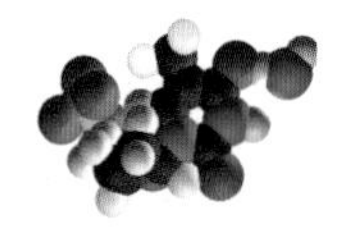

L'HISTOIRE DE LA VIE

DoGi

Une production DoGi spa, Italie

TITRE ORIGINAL : La storia della vita
ÉDITEUR : Francesco Milo
TEXTE : Cristiano Bertolucci
ILLUSTRATIONS : Gian Paolo Faleschini
MAQUETTE : Sebastiano Ranchetti
MISE EN PAGES : Sansai Zappini

POUR L'ÉDITION FRANÇAISE
RÉALISATION : Atelier Gérard Finel, Paris
MISE EN PAGES : Michèle Delagneau
TRADUCTION/ADAPTATION : Michèle Delagneau

ISBN 2-7434-1790-0
Imprimé en Italie

Références des illustrations

Les illustrations contenues dans cet ouvrage ont été conçues et réalisées pour DoGi spa, qui en possède les droits.
Abréviations : h, en haut ; b, en bas ; c, au centre ; d, à droite ; g, à gauche.

Illustrations
Archives Dogi : 20 bg, 37c, 37 b, 41 bd ; Alessandro Bartolozzi : 9 hd, 10 ; Luca Cascioli : 8-9 ; Lorenzo Cecchi : 15 h, 37 h ; Gian Paolo Faleschini : 10-11, 12-13, 14-15, 16-17, 19, 20-21, 22-23, 24, 25 hd, 26, 27, 28-29, 30, 31, 32, 33, 24, 35b, 35 hd, 36, 38-39, 39 h ; Sauro Giampaia : 35 hg, 38 hg ; Inklink, Florence : 16 ; Raimondo Pasin : 18, 39 cd, 40 bg ; Francesco Petracchi : 6-7, 8 bg, 21 h, 25 bd ; Sergio : 7 hd, 41h.

Photographies et documents
L'éditeur s'est efforcé de retrouver tous les ayants droit. Il présente ses excuses pour les erreurs ou les oublis éventuels et sera heureux d'apporter les corrections nécessaires dans les éditions ultérieures de cet ouvrage.

Andrea Innocenti, Florence : 31h ; Archives Dogi : 20 bg, 29 bd, 33 hg ; K&B, Florence/Giuliano Valsecchi : 17, 19 bd, 30, 31b ; K&B, Florence/ Giuliano Valsecchi/ Museo di Storia Naturale : 23 h ; SIE, Rome : 7 bd ; SIE, Rome/Zefa/F. Lanting : 23 b, 33 b.

Couverture: Gian Paolo Faleschini, Archivio DoGi
Frontispice : Gian Paolo Faleschini
Gardes : Archives Dogi et Sansai Zappini

Sommaire

Thèmes

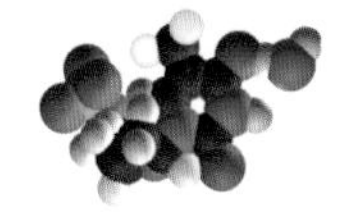
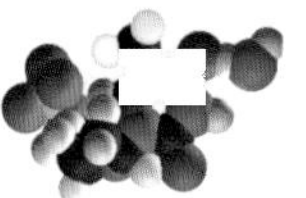

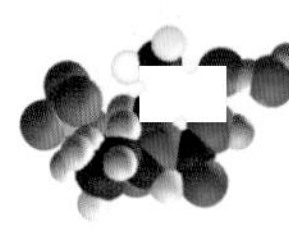

LE LABORATOIRE DE LA NATURE

Les êtres vivants qui peuplent aujourd'hui la Terre représentent à peine 10 % de tous ceux qui se sont succédé sur notre planète. Des millions d'espèces se sont donc éteintes, parfois massivement, sans que l'on sache réellement pourquoi. Aujourd'hui, les savants remettent fortement en question la théorie de la sélection naturelle (incapacité d'adaptation des moins « aptes » à un nouveau milieu), ainsi que l'idée d'une évolution continue et linéaire (de l'être le plus simple au plus complexe) dont l'homme serait l'aboutissement le plus parfait. Il semblerait plutôt que la nature n'obéisse à aucune loi et qu'une bonne part de hasard - sans parler des grands cataclysmes - soit intervenue dans le choix des survivants !

ON APPELLE ADAPTATION L'ENSEMBLE DES CARACTÈRES BIOLOGIQUES QUI PERMETTENT À UNE ESPÈCE DE SURVIVRE DANS UN MILIEU DIFFÉRENT DU SIEN. MAIS LA SCIENCE NE PEUT DIRE SI CES CARACTÈRES APPARAISSENT PARCE QU'ILS SONT UTILES DANS CE NOUVEAU MILIEU, OU SI L'ESPÈCE SURVIT PARCE QU'ELLE POSSÉDAIT DÉJÀ CES CARACTÈRES.

Les ancêtres du cheval
Les animaux d'une même famille existant actuellement ont un ancêtre commun. L'« arbre phylogénétique » montre comment chaque espèce s'est différenciée au fil du temps. L'ancêtre commun à l'espèce « cheval » est l'un des mieux connus.

Le plus lointain ancêtre du cheval, appelé *Hyracotherium,* vivait il y a environ 50 millions d'années. De la taille d'un lévrier, il broutait les feuilles des arbustes et possédait 4 doigts aux pattes avant et 3 aux pattes arrière.

Parmi ses descendants, *Merychippus* broutait l'herbe des grandes prairies d'Amérique, il y a 20 millions d'années. Plus grand, il avait une tête plus allongée, avec des mâchoires bien développées et 3 doigts aux 4 membres.

Voici 10 à 5 millions d'années, les descendants de *Merychippus* gagnent l'Asie. Leurs pattes s'allongent encore. Le doigt central est plus développé.

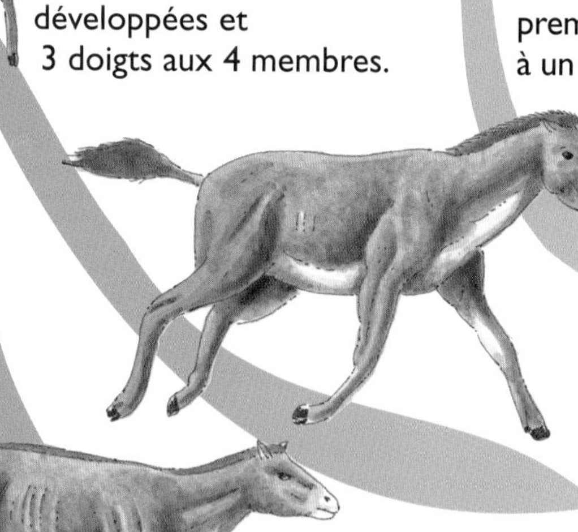

Coursier rapide, *Pliohippus* est le premier cheval à un seul doigt.

La phalène du bouleau

1. Ce petit papillon de nuit, qui dort le jour sur les troncs blancs des bouleaux, peut se présenter sous deux colorations différentes, l'une claire, l'autre sombre. Jusqu'au XVIIIe siècle, la forme claire était la plus répandue en Angleterre. Au siècle suivant, les fumées et la suie des usines ont noirci les troncs des bouleaux et on a constaté que le nombre de phalènes de couleur sombre a augmenté dans les zones industrielles. En revanche, les formes claires prédominaient toujours dans les campagnes.

2. Cette transformation s'explique par le fait que les oiseaux qui mangent les phalènes distinguent mieux les papillons blancs sur un fond sombre et en tuent davantage, si bien que ceux-ci se sont raréfiés dans les zones polluées. Toutefois, cette tendance s'est inversée récemment avec la diminution des fumées de charbon. C'est parce que l'espèce a maintenu la diversité de ses gènes qu'elle a pu résister aux modifications successives de son milieu.

Le cheval actuel, *Equus caballus*, apparaît en Europe et en Asie voici 1,8 million d'années. Les espèces américaines disparaissent les unes après les autres.

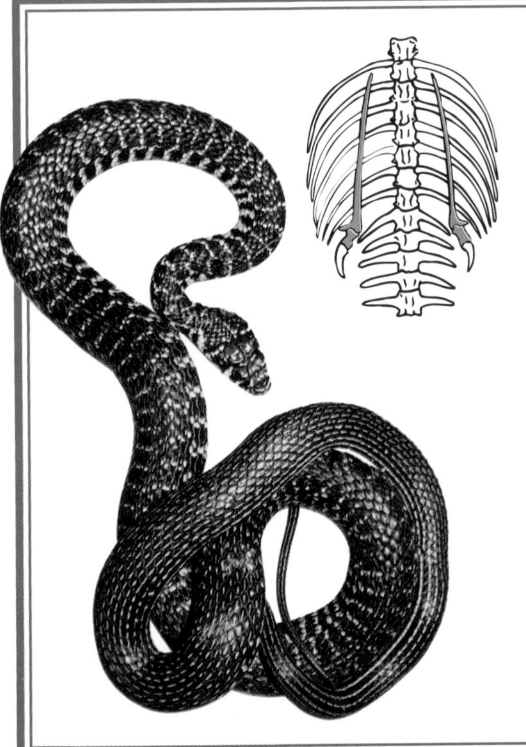

Les pattes des serpents

Les ophidiens, c'est-à-dire les serpents, descendent de reptiles qui possédaient quatre membres. D'ailleurs, les plus primitifs d'entre eux, les boas et les pythons, possèdent encore deux sortes de griffes qui seraient des vestiges des pattes arrière de leurs ancêtres.

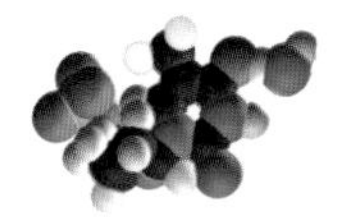

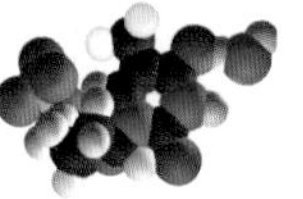
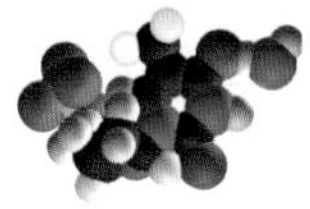

DE LA « SOUPE PRIMITIVE » AUX PREMIÈRES CELLULES

Durant les centaines de millions d'années qui suivirent sa formation, la jeune Terre encore brûlante était entourée d'une atmosphère riche en vapeur d'eau et en dioxyde de carbone, mais dépourvue d'oxygène. Lorsque la température a baissé, les pluies diluviennes, dues à la condensation, ont commencé à ruisseler sur les sols pour former les océans. Le dioxyde de carbone dissous dans l'eau a extrait le calcium qui se trouvait sur les roches. Ce calcium s'est déposé en sédiments au fond des mers. Sous l'effet du rayonnement ultraviolet du Soleil, des décharges électriques de la foudre et de l'énergie dégagée par les volcans, les composants de l'atmosphère ont formé des molécules organiques qui sont venues elles aussi s'accumuler dans les océans. Au bout de millions d'années, ce mélange de molécules organiques et minérales a constitué la « soupe primitive » propice à l'apparition de la vie.

ON PENSE QU'AVANT L'APPARITION DES ÊTRES VIVANTS, L'OCÉAN VIT NAÎTRE DES SORTES DE SUPERMOLÉCULES DOUÉES DE CAPACITÉS CHIMIQUES PARTICULIÈRES, LES RENDANT CAPABLES D'INCORPORER D'AUTRES MOLÉCULES SIMPLES. LA FORMATION D'UNE MEMBRANE A SANS DOUTE ÉTÉ UNE ÉTAPE CAPITALE VERS LA CONSTITUTION DES PREMIÈRES CELLULES.

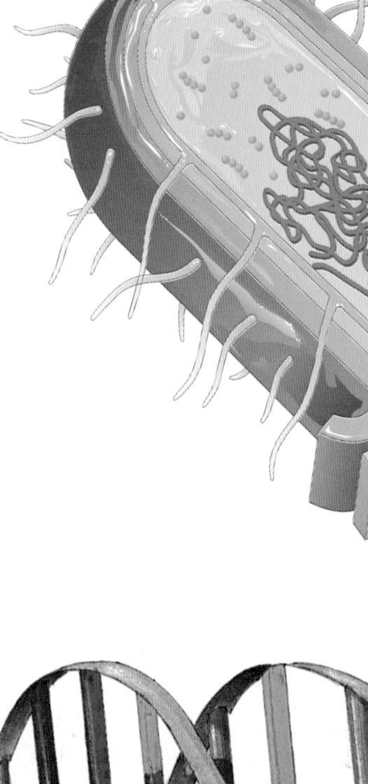

L'ADN
Chaque cellule de chaque organisme vivant contient une chaîne d'ADN (acide désoxyribonucléique) contenant le « programme » nécessaire à son fonctionnement et déterminant notamment sa taille et son aspect.

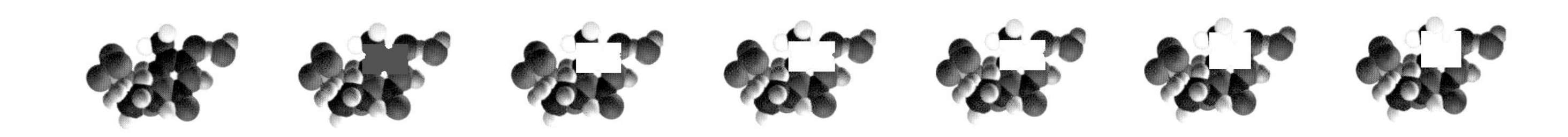

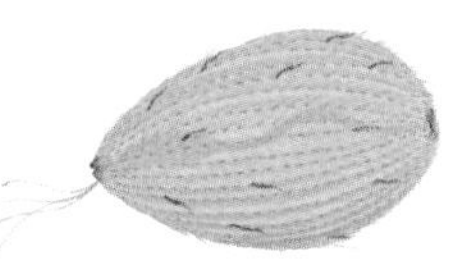

SOMMES-NOUS MARTIENS ?
L'idée d'une origine extraterrestre de la vie (la panspermie) a été formulée dès l'Antiquité, puis abandonnée faute de vraisemblance scientifique. Elle revient à l'ordre du jour avec l'exploration de la planète Mars. Selon une hypothèse non vérifiée, des germes de vie martiens auraient pu être amenés sur la Terre par une météorite.

Premières formes de vie unicellulaires
Les premières traces d'êtres vivants remontent à 3,8 milliards d'années. Sans doute semblables aux bactéries actuelles, ces organismes microscopiques étaient constitués d'une cellule unique, mais n'en assumaient pas moins les fonctions essentielles de la vie : assimilation d'énergie, élimination des déchets et reproduction.

Les algues bleues
Voici 3,5 milliards d'années, l'apparition, dans les eaux tièdes et peu profondes, de cyanobactéries ou algues bleues a été une étape déterminante pour le développement de nouvelles formes de vie. Groupés en longs filaments, ces organismes sont en effet les premiers capables de photosynthèse (transformation de l'énergie solaire en énergie chimique). Les algues bleues ont contribué à la formation de la couche d'ozone en absorbant le dioxyde de carbone et en rejettant le dioxygène qui s'est accumulé dans l'atmosphère. La couche d'ozone protège la Terre des radiations solaires nocives.

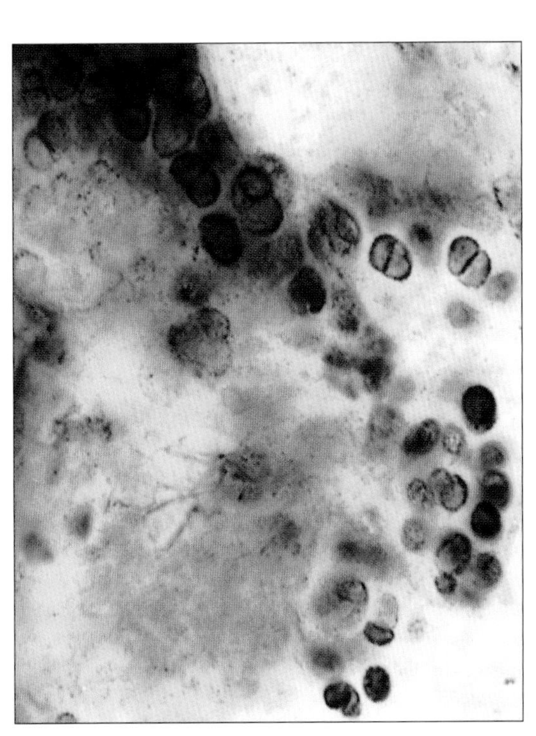

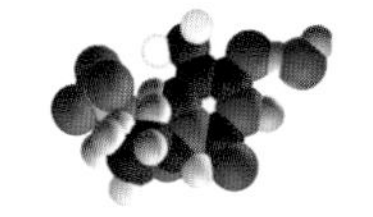  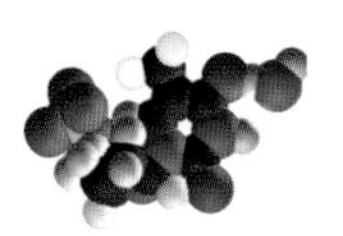    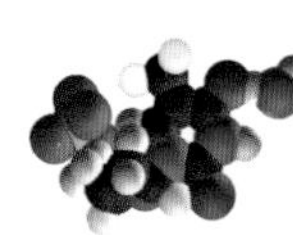

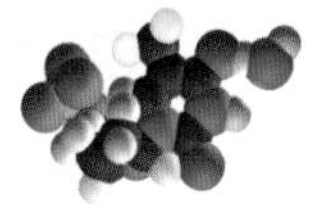
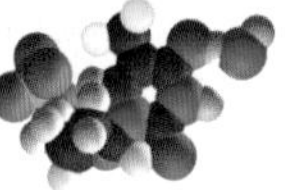

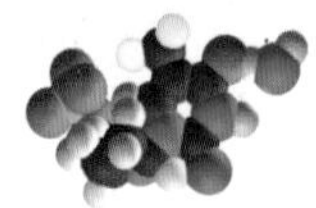

La vie s'organise

Pendant 2 milliards d'années, de minuscules organismes unicellulaires, les procaryotes, vivaient sur Terre telles des bactéries. Leur cellule unique est dépourvue de noyau et elle ne contient pas (ou peu) d'organes spécialisés. Une vraie révolution eut lieu voici 1,8 milliard d'années avec l'apparition des organismes eucaryotes – catégorie regroupant les animaux, les champignons, les végétaux et les protozoaires (animal unicellulaire). La cellule des eucaryotes possède un noyau bien distinct de la masse cellulaire, qui est un centre de commandes et qui renferme l'ADN. De plus, le cytoplasme (sorte de gelée remplissant l'intérieur de la membrane cellulaire) contient des organites, petits corpuscules dont les fonctions spécialisées sont commandées par le noyau et assurent l'entretien et la survie de la cellule.

LES PLUS ANCIENS FOSSILES D'ORGANISMES PLURICELLULAIRES ONT ÉTÉ RETROUVÉS EN AUSTRALIE, À EDIACARA, PRÈS D'ADÉLAÏDE. CERTAINS DATENT DE PRÈS DE 700 MILLIONS D'ANNÉES. ON A DONNÉ LE NOM D'ÉDIACARIEN À CE TYPE DE FAUNE DONT ON A RETROUVÉ DES ÉQUIVALENTS UN PEU PARTOUT DANS LE MONDE, DANS L'ÉTAGE GÉOLOGIQUE APPELÉ VENDIEN.

Ils ne ressemblent à rien de connu !
Parmi les fossiles d'Ediacara, certains sont une énigme pour les savants car ils ne ressemblent à rien de connu. C'est le cas des *Pteridinium* qui gardent tout leur mystère.

Cellules végétales et cellules animales
Les végétaux sont des organismes eucaryotes : leurs parois rigides qui s'accolent à celles des cellules voisines, de même que le liquide nourricier qui remplit la cavité centrale appelée vacuole, assurent le soutien de la plante. Les cellules des parties aériennes (tiges et feuilles) renferment des chloroplastes, cellules spécialisées qui, grâce à leurs pigments chlorophylliens, captent l'énergie solaire pour fabriquer des substances énergétiques.

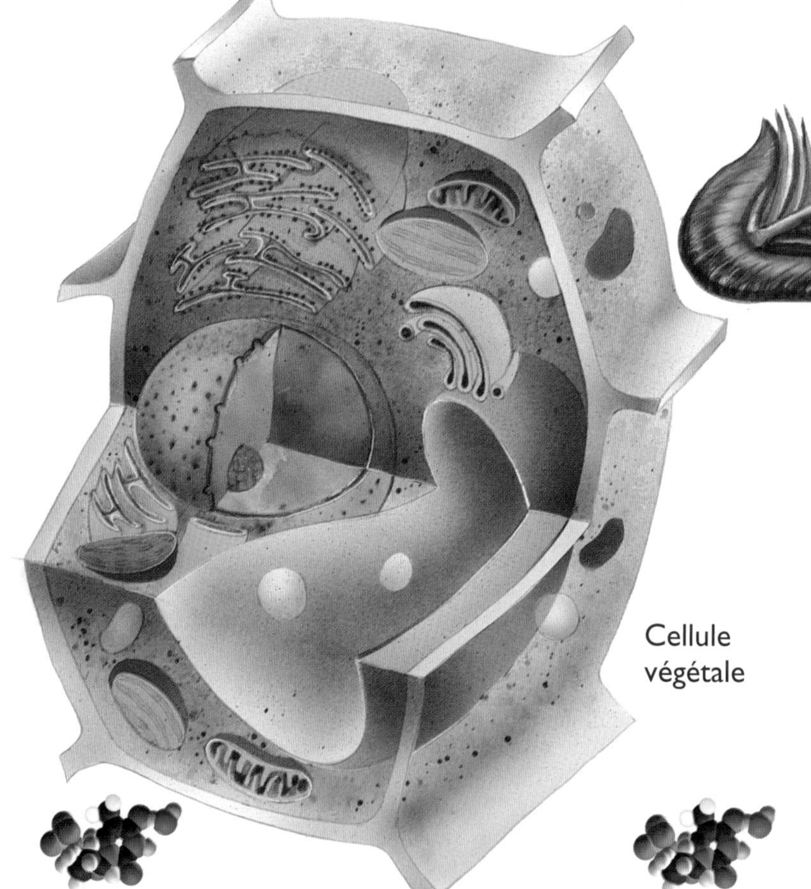
Cellule végétale

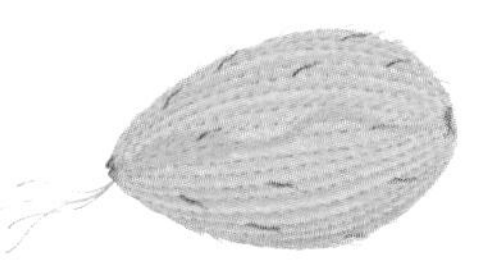

Premiers organismes pluricellulaires

Il y a environ 900 millions d'années s'opéra une révolution encore plus fondamentale : l'apparition des organismes pluricellulaires. Cet événement se déroula sans doute progressivement. On suppose que les unicellulaires se regroupèrent d'abord en colonies (comme aujourd'hui les coraux) exerçant chacun des fonctions de plus en plus spécialisées et perdant peu à peu leur autonomie et leur mobilité. Finalement, à force de spécialisation, une fusion aurait eu lieu, donnant naissance à un être pluricellulaire.

Les *Spriggina* sortes de vers au corps annelé, pourraient être des ancêtres des arthropodes.

Ces organismes en forme de feuille ressemblent aux pennatulides ou plumes de mer.

Les méduses actuelles sont peu différentes de celles qui peuplaient les mers au précambrien.

  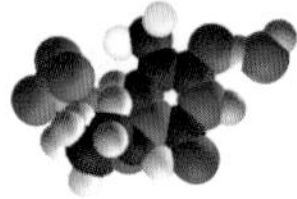  

L'EXPLOSION DU CAMBRIEN

Au début de l'ère primaire, durant la période appelée cambrienne, les océans se peuplèrent soudain d'une multitude de métazoaires (organismes pluricellulaires) différents. Nulle autre époque n'a vu apparaître un aussi grand nombre d'embranchements totalement nouveaux, au point qu'on a pu parler de l'« explosion » du cambrien ! Chaque groupe, cependant, comportait peu d'espèces, à la différence des périodes plus tardives où il y eut peu d'embranchements nouveaux mais où les espèces se diversifièrent considérablement. On ignore les raisons exactes de cette soudaine prolifération (les conditions extérieures favorables ne sont pas une explication suffisante), comme si la vie avait voulu expérimenter le plus de modèles possibles, pour n'en garder que quelques-uns...

LA MAJEURE PARTIE DE CE QUE NOUS SAVONS DE LA FAUNE DU CAMBRIEN VIENT DE L'EXTRAORDINAIRE GISEMENT DE BURGESS EN COLOMBIE BRITANNIQUE. CES SCHISTES (ROCHES SÉDIMENTAIRES) ONT CONSERVÉ DES TRACES D'INVERTÉBRÉS À CORPS MOU QUI VIVAIENT VOICI 540 À 520 MILLIONS D'ANNÉES. LE GISEMENT FUT DÉCOUVERT EN 1909, MAIS CES FOSSILES AVAIENT ÉTÉ CLASSÉS DE MANIÈRE ERRONÉE. CE N'EST QUE RÉCEMMENT QUE DES INTERPRÉTATIONS VALABLES ONT PU ÊTRE PROPOSÉES.

Les coquilles
Les tout premiers métazoaires à coquille, ne dépassant pas 5 mm, seraient apparus au vendien, dans de nombreuses régions du monde, à peu près à la même époque que la faune d'Ediacara.

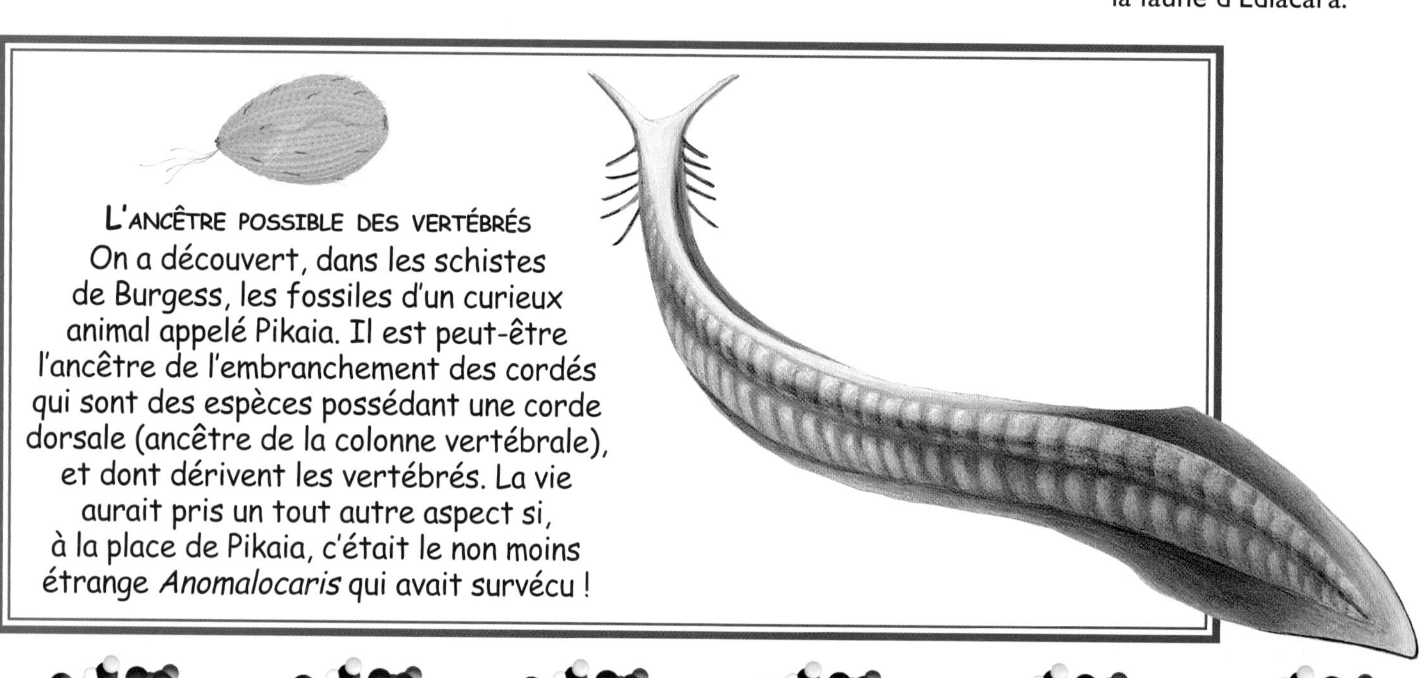

L'ANCÊTRE POSSIBLE DES VERTÉBRÉS
On a découvert, dans les schistes de Burgess, les fossiles d'un curieux animal appelé Pikaia. Il est peut-être l'ancêtre de l'embranchement des cordés qui sont des espèces possédant une corde dorsale (ancêtre de la colonne vertébrale), et dont dérivent les vertébrés. La vie aurait pris un tout autre aspect si, à la place de Pikaia, c'était le non moins étrange *Anomalocaris* qui avait survécu !

 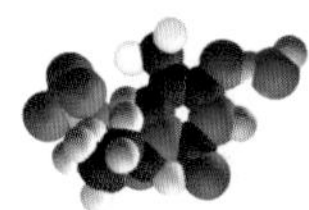 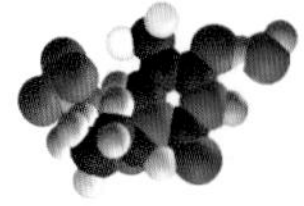   

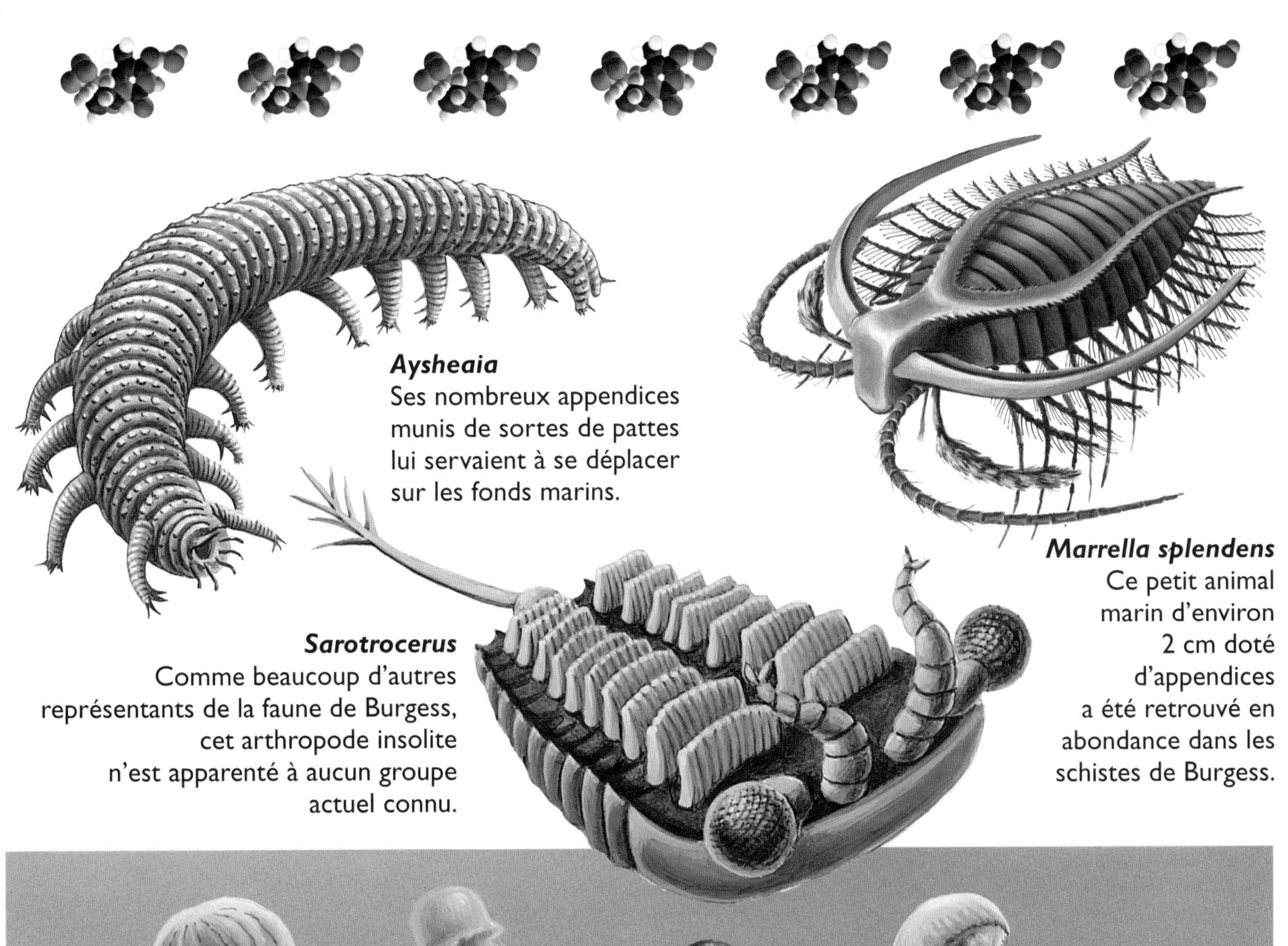

Aysheaia
Ses nombreux appendices munis de sortes de pattes lui servaient à se déplacer sur les fonds marins.

Marrella splendens
Ce petit animal marin d'environ 2 cm doté d'appendices a été retrouvé en abondance dans les schistes de Burgess.

Sarotrocerus
Comme beaucoup d'autres représentants de la faune de Burgess, cet arthropode insolite n'est apparenté à aucun groupe actuel connu.

Ottoia
Ce ver d'environ 8 cm vivait probablement dans un terrier creusé dans le fond marin, et il semble qu'il pratiquait le cannibalisme, dévorant les membres de sa propre espèce.

Anomalocaris
Long d'environ 60 cm, il était sans doute le plus redoutable habitant des mers du cambrien et saisissait ses proies avec ses deux appendices antérieurs.

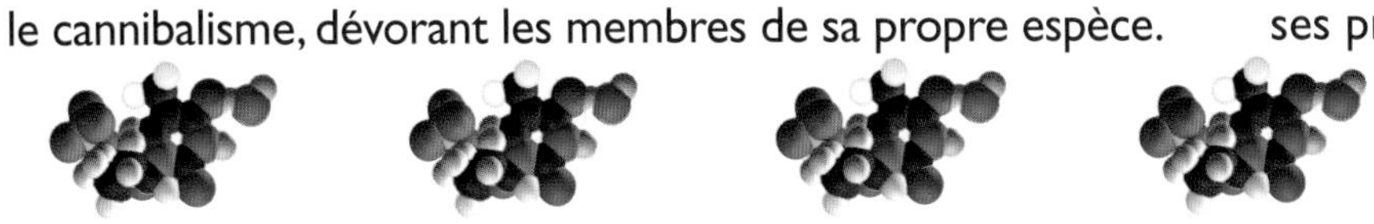

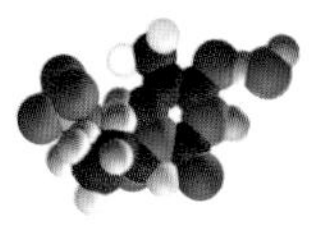

LES PREMIERS POISSONS

Premiers vertébrés du règne animal, les poissons vont représenter très longtemps la forme de vie dominante sur la planète. Apparus voici 470 millions d'années, les ostracodermes, poissons sans mâchoires dont tout le corps était recouvert d'une enveloppe rigide, sorte de cuirasse, vont pulluler dans toutes les eaux pendant 100 millions d'années. Puis ils seront supplantés par un nouveau groupe, celui des placodermes. Ces nouveaux venus, à la taille souvent impressionnante, disposent d'une arme redoutable : des mâchoires garnies de dents acérées capables de broyer la cuirasse des ostracodermes. Si l'avant de leur corps est protégé par un véritable blindage de plaques osseuses, l'arrière reste libre, ce qui leur donne une grande mobilité.

À LA FIN DES ANNÉES 1990, LA DÉCOUVERTE EN CHINE DE DEUX POISSONS FOSSILES VIEUX DE 540 MILLIONS D'ANNÉES A FAIT CONSIDÉRABLEMENT RECULER LA DATE D'APPARITION DES PREMIERS VERTÉBRÉS. LONGS DE 2,5 CM ET DE 5 CM, CES DEUX SPÉCIMENS PRÉSENTENT BIEN DEUX TRAITS ESSENTIELS DES POISSONS : DES NAGEOIRES SOUTENUES PAR DES RAYONS OSSEUX ET DES MUSCLES EN ZIG-ZAG. MAIS ILS N'ONT PAS DE CARAPACE OSSIFIÉE.

Les ostracodermes
Ces poissons de petite taille (environ 50 cm) font partie du groupe des agnathes, qui sont dépourvus de mâchoires. Ils n'ont qu'une narine, située sur le dessus de la tête, et leur corps est protégé par une carapace ossifiée. Leur petite bouche leur permet seulement d'aspirer des proies minuscules.

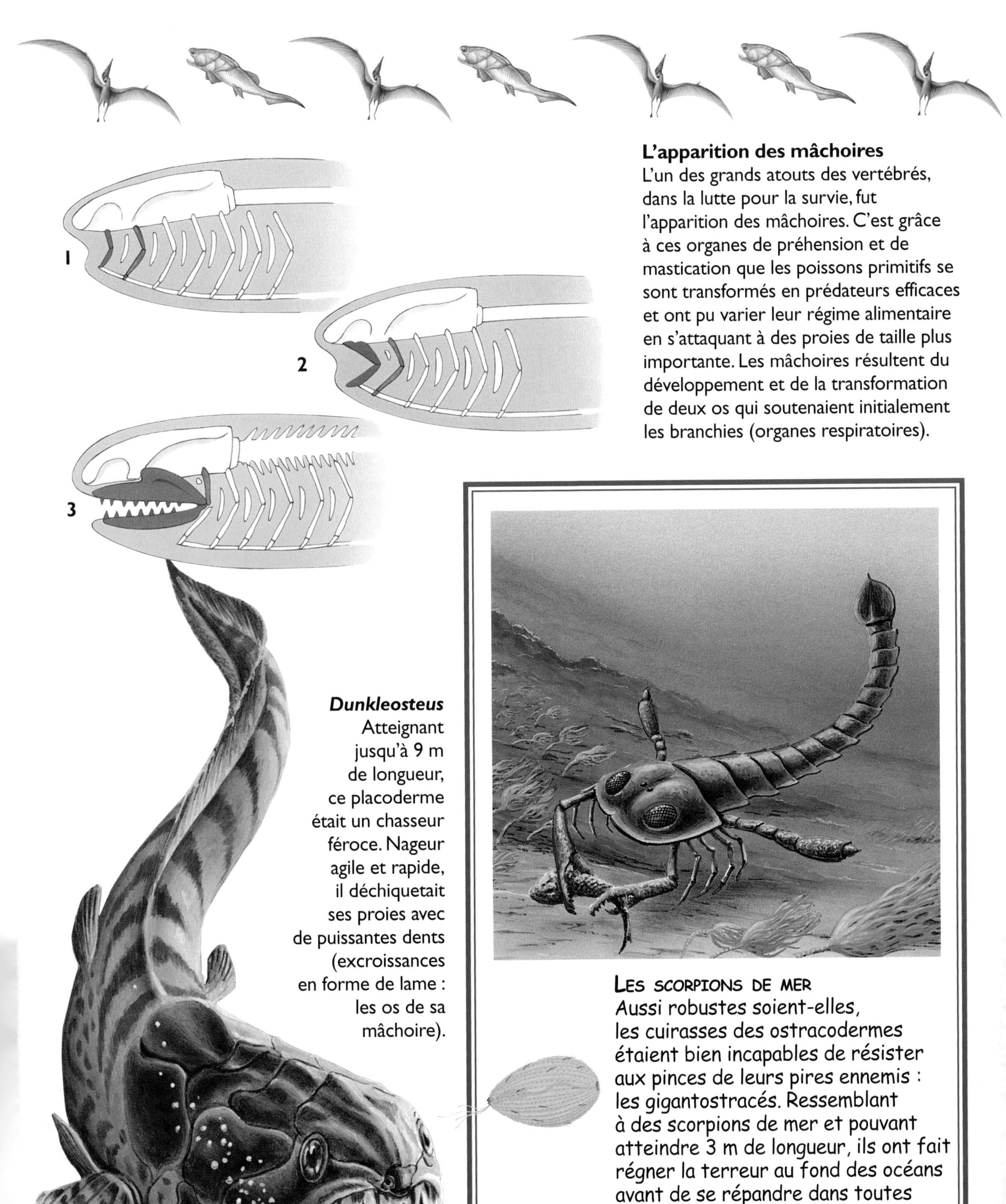

L'apparition des mâchoires
L'un des grands atouts des vertébrés, dans la lutte pour la survie, fut l'apparition des mâchoires. C'est grâce à ces organes de préhension et de mastication que les poissons primitifs se sont transformés en prédateurs efficaces et ont pu varier leur régime alimentaire en s'attaquant à des proies de taille plus importante. Les mâchoires résultent du développement et de la transformation de deux os qui soutenaient initialement les branchies (organes respiratoires).

Dunkleosteus
Atteignant jusqu'à 9 m de longueur, ce placoderme était un chasseur féroce. Nageur agile et rapide, il déchiquetait ses proies avec de puissantes dents (excroissances en forme de lame : les os de sa mâchoire).

Les scorpions de mer
Aussi robustes soient-elles, les cuirasses des ostracodermes étaient bien incapables de résister aux pinces de leurs pires ennemis : les gigantostracés. Ressemblant à des scorpions de mer et pouvant atteindre 3 m de longueur, ils ont fait régner la terreur au fond des océans avant de se répandre dans toutes les eaux courantes et, plus tard, de coloniser les terres émergées.

Requins et raies

Parmi les créatures qui peuplaient les océans primitifs, un groupe a survécu, presque sans changements, jusqu'à notre époque : celui des poissons à squelette cartilagineux (chondrychtyens) regroupant les squales (ou requins) et les raies. À la différence des poissons osseux, ils ne possèdent pas de vessie natatoire faisant office de flotteur, et leurs branchies s'ouvrent par de simples fentes, sans opercule protecteur. Le géant du groupe est le requin-baleine, qui peut atteindre jusqu'à 18 m de long (c'est le plus grand de tous les poissons). Le plus petit est le requin-chat pygmée, long de 25 cm. Les requins possèdent des récepteurs qui captent les influx électriques provoqués par les mouvements des proies.

LES SQUALES ONT DES RÉGIMES ALIMENTAIRES TRÈS VARIÉS. L'ÉNORME ET INOFFENSIF REQUIN-BALEINE NE SE NOURRIT QUE DE MINUSCULES ORGANISMES, DU PLANCTON ET DE TOUT PETITS POISSONS. TRÈS DANGEREUX POUR L'HOMME, LE GRAND REQUIN BLANC ET LE REQUIN-TIGRE DÉCHIRENT LEURS PROIES AVEC LEURS DENTS TRANCHANTES QUI SE RENOUVELLENT CONSTAMMENT (JUSQU'À CENT FOIS AU COURS D'UNE VIE).

Modes de reproduction
Certains requins pondent des œufs dont les petits sortent à l'éclosion : ils sont ovipares. Chez d'autres espèces, le développement des œufs et l'éclosion ont lieu dans le corps de la mère : on dit qu'ils sont ovovivipares. Chez d'autres encore, le développement des petits se fait – sans l'intermédiaire d'œufs – dans l'utérus maternel : ils sont vivipares.

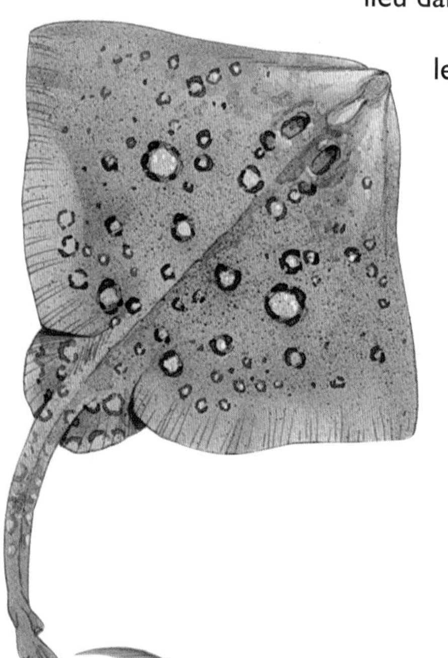

Les raies
Étroitement apparentées aux requins, les raies ont une forme typique en losange et une peau tachetée qui leur sert de camouflage. Leur longue queue est parfois munie d'un aiguillon venimeux. Certaines espèces possèdent des organes produisant des décharges électriques.

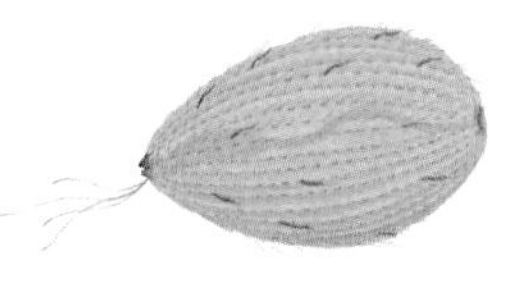

Les poissons fossiles

Si les poissons morts sont rapidement enfouis dans les sédiments (dépôts) du fond marin, leur corps peut être fossilisé : les parties molles se désagrègent et les parties dures (arêtes) s'imprègnent très lentement de minéraux et se pétrifient. Mais les requins ont laissé très peu de traces fossiles, car leurs cartilages se dissolvent facilement ; en revanche, leurs dents ont subsisté.

Cladoselache
C'est le plus ancien requin connu. Long de 2 m, il vivait il y a 400 millions d'années. Son museau est rond et sa bouche s'ouvre à l'avant de la tête et non ventralement.

Hybodus
Assez semblable aux espèces actuelles, ce requin peupla les mers pendant toute l'ère secondaire (de - 220 à - 65 millions d'années). C'est un contemporain des dinosaures.

Stethacanthus
Ce requin du dévonien, long d'environ 70 cm, possédait une bizarre nageoire dorsale en forme de T, dont on ignore la fonction exacte.

Un requin actuel
Le redoutable grand requin blanc est le descendant direct des espèces fossiles. À la différence de la plupart des poissons, il a une bonne vision hors de l'eau.

LA CONQUÊTE DES TERRES

Durant plus de 3 milliards d'années, la vie est donc restée confinée dans le milieu aquatique à l'exception des cyanobactéries, seuls organismes capables de résister aux radiations solaires. Pendant cette longue période, l'oxygène produit par la photosynthèse s'était accumulé dans l'atmosphère, constituant la couche protectrice qui filtre aujourd'hui encore la majeure partie des rayons ultraviolets nocifs. Les premiers organismes multicellulaires à se lancer à la conquête des terres émergées furent les végétaux, qui allaient connaître une spectaculaire diversification entre la fin de l'ordovicien et le début du silurien, c'est-à-dire entre - 450 et - 400 millions d'années. Les premières plantes terrestres restaient cependant tributaires des milieux humides : dérivées des algues, elles n'avaient ni vraies tiges, ni vraies feuilles, ni système de circulation de sève.

L'UN DES PROBLÈMES ESSENTIELS QUI SE POSA AUX ANIMAUX QUITTANT LE MILIEU AQUATIQUE POUR LE MILIEU TERRESTRE FUT LA DÉSHYDRATATION. LES AMPHIBIENS À PEAU PERMÉABLE DURENT RESTER PRÈS DE L'EAU, TOUT COMME LES GRENOUILLES ACTUELLES. D'AUTRES ESPÈCES SE DOTÈRENT D'UNE PEAU OU D'UNE CUTICULE IMPERMÉABLE.

Les poissons, derniers arrivés sur la terre ferme…
On ignore si c'est la concurrence de plus en plus forte régnant dans le milieu aquatique ou bien l'assèchement de certains points d'eau qui a poussé quelques poissons à s'aventurer sur la terre ferme, donnant naissance aux premiers amphibiens ; ils avaient cependant été précédés par un grand nombre d'invertébrés : scorpions, mille-pattes, ancêtres des araignées et des insectes actuels…

Les premières plantes

Transportés par les marées, divers types de végétaux colonisent les rives des fleuves, les marais et les lacs de montagne. Ces premières plantes terrestres, de petites dimensions, étaient semblables aux mousses actuelles. Plus tard, apparurent les ancêtres des fougères et des prêles, dotés d'une tige souterraine et de racines, de frondes – équivalents des feuilles –, et d'un réseau de canaux permettant la circulation des liquides nourriciers et de la sève.

Les mousses sont mangées par les premiers herbivores.

Mousses primitives

Les herbivores sont à leur tour mangés par les carnivores.

La chaîne alimentaire

Les plantes qui se développent sur les terres émergées vont servir de pâture aux premiers animaux herbivores. Mais bientôt apparaissent les premiers carnivores terrestres : ainsi s'instaure la première chaîne alimentaire complète de l'histoire de notre planète.

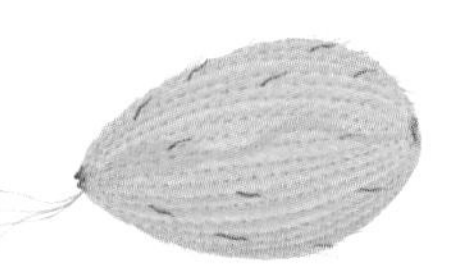

Les algues vertes

Présentes dans les mers dès le début de l'ère primaire, les algues vertes gagnent les rivages à l'ordovicien (il y a 500 millions d'années). Elles vont donner naissance aux premiers végétaux adaptés à la vie terrestre grâce à leur racine, pour puiser la nourriture, et à leurs spores, pour la reproduction.

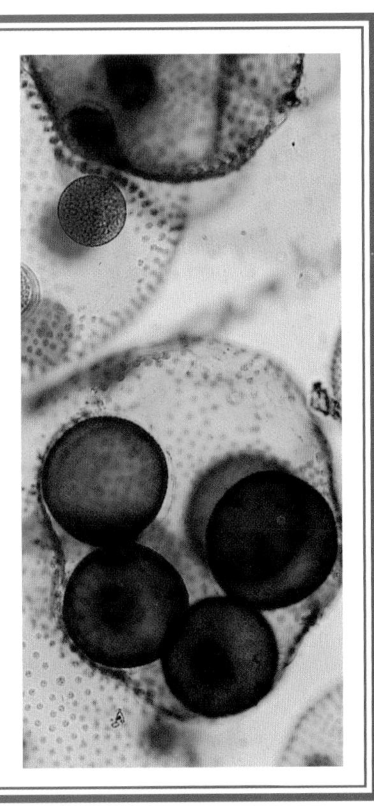

LES FORÊTS DU CARBONIFÈRE

Voici environ 300 millions d'années, au cœur de la période appelée carbonifère, le climat chaud et humide qui règne sur la planète favorise une extraordinaire luxuriance des espèces végétales. Les plantes atteignent des dimensions gigantesques et forment d'immenses forêts. Sous cette épaisse couverture végétale grouille une abondante vie animale : les arthropodes mangeurs de feuilles sont la proie des insectes carnivores, eux-mêmes dévorés par les amphibiens, premiers vertébrés tétrapodes (animaux se déplaçant sur quatre membres). Comme leurs descendants actuels, ceux-ci possédaient des pieds palmés adaptés à la fois à la nage et au déplacement sur la terre ferme.

LES INSECTES ONT ÉTÉ LES PREMIERS ANIMAUX À CONQUÉRIR LES AIRS, MAÎTRISANT LE VOL LONGTEMPS AVANT L'APPARITION DES OISEAUX. AUJOURD'HUI, ILS REPRÉSENTENT LE GROUPE LE PLUS NOMBREUX DU RÈGNE ANIMAL.

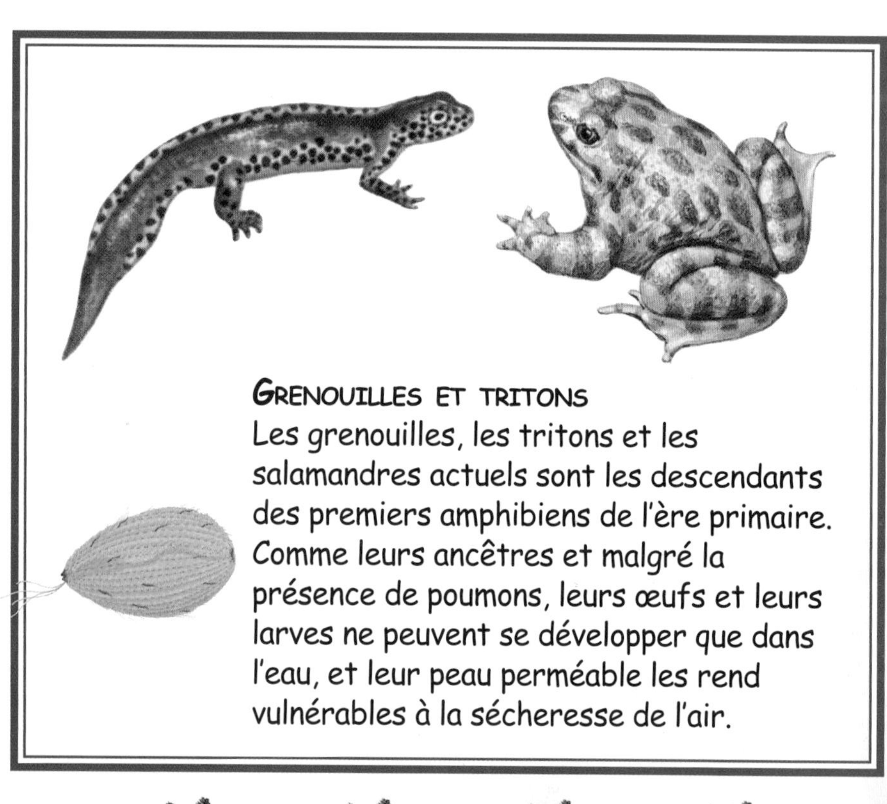

GRENOUILLES ET TRITONS
Les grenouilles, les tritons et les salamandres actuels sont les descendants des premiers amphibiens de l'ère primaire. Comme leurs ancêtres et malgré la présence de poumons, leurs œufs et leurs larves ne peuvent se développer que dans l'eau, et leur peau perméable les rend vulnérables à la sécheresse de l'air.

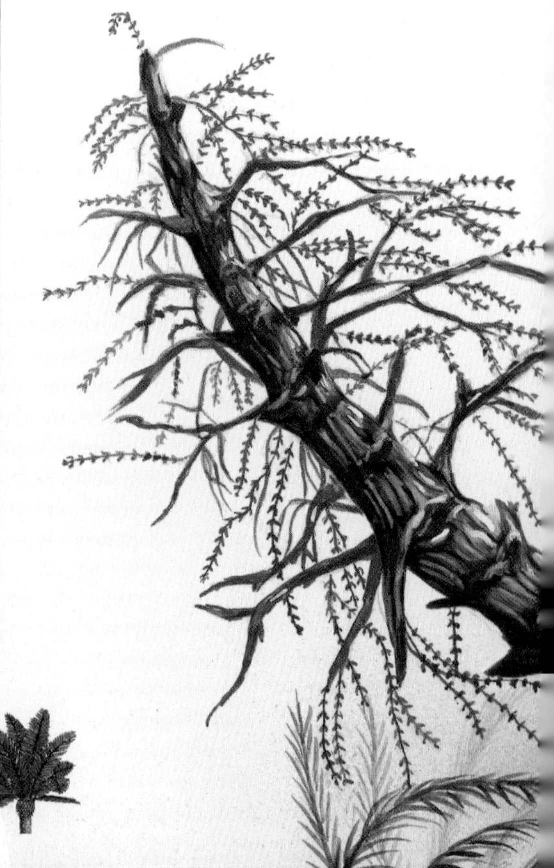

L'ancêtre du premier vertébré terrestre
L'examen de la nageoire d'*euthenopteron* du dévonien révèle une ébauche de patte, ce qui en fait un ancêtre possible des premiers amphibiens.
Le descendant actuel le plus connu des crossoptérygiens est le cœlacanthe, considéré comme un « fossile vivant ».

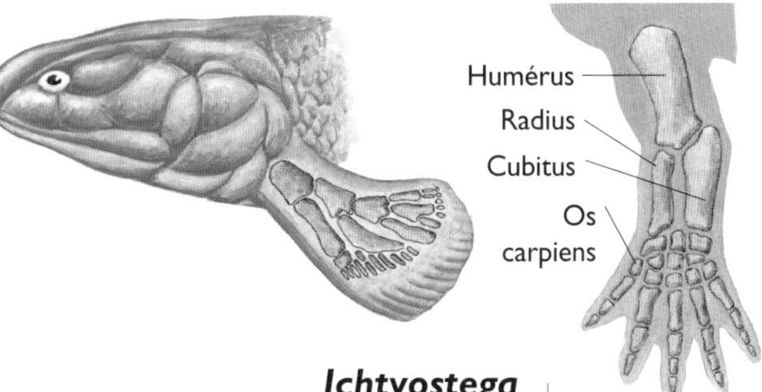

Ichtyostega
Découvert au Groenland, ce curieux animal possède des caractères à la fois de tétrapode et de poisson (il était doté de branchies et non de poumons).

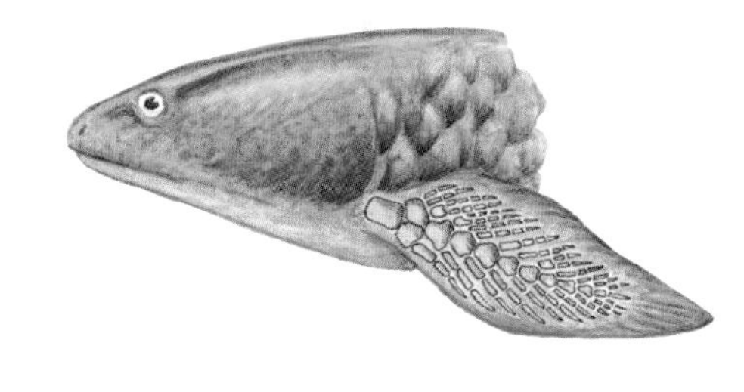

Des nageoires… aux pattes
Les os robustes des pattes des vertébrés terrestres dérivent probablement des nageoires, sur lesquelles certains poissons s'appuyaient pour se déplacer sur la vase tapissant le fond des marais.

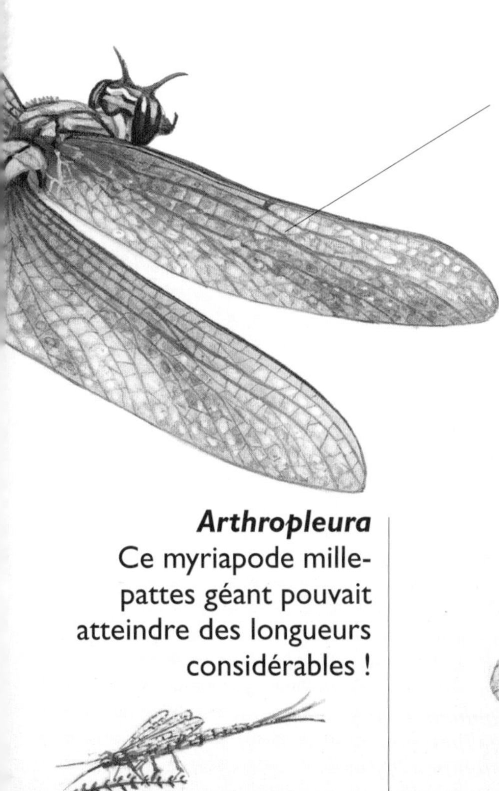

Meganeura
Typique du carbonifère, cette libellule géante pouvait atteindre 76 cm d'envergure.

Arthropleura
Ce myriapode mille-pattes géant pouvait atteindre des longueurs considérables !

L'AVÈNEMENT DES REPTILES

En partant à la conquête des milieux terrestres, les amphibiens avaient à peu près résolu le problème de la pesanteur et de la locomotion, grâce à des adaptations du squelette et du système musculaire. Mais il leur fallait malgré tout retrouver l'eau au moment de la reproduction. Un nouveau pas sera franchi par les reptiles au carbonifère, voici 340 millions d'années : en pondant des œufs protégés par une coquille calcaire, ils n'avaient plus à craindre la déshydratation des embryons ; ils ont pu ainsi éloigner leurs œufs des points d'eau et conquérir d'autres milieux, plus arides. C'est l'une des raisons qui leur permettront de dominer toute la planète à l'ère secondaire.

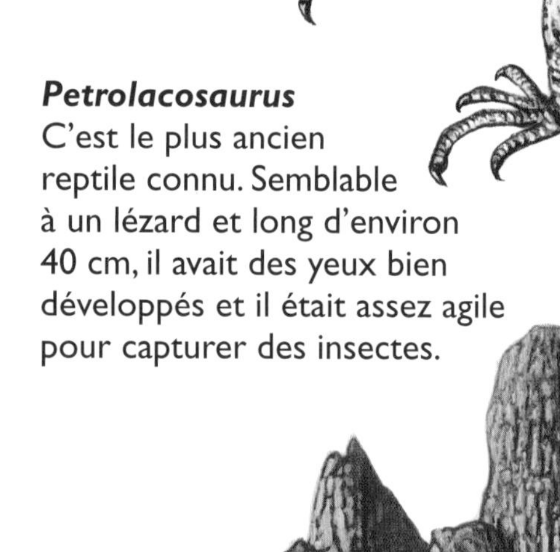

Petrolacosaurus
C'est le plus ancien reptile connu. Semblable à un lézard et long d'environ 40 cm, il avait des yeux bien développés et il était assez agile pour capturer des insectes.

Les pélicosauriens
Chez ces reptiles apparus au permien, à la fin de l'ère primaire, des prolongements des apophyses (partie saillante d'un os) des vertèbres formaient une étrange « voilure » surmontant le dos. Certains scientifiques pensent qu'il s'agissait d'un système de régulation de la température du corps, d'autres y voient un caractère de différenciation entre mâles et femelles.

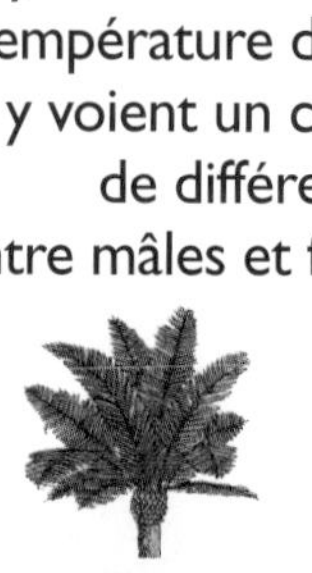

CONTRAIREMENT AUX AMPHIBIENS, TOUS CARNIVORES, LES REPTILES REGROUPAIENT À LA FOIS DES HERBIVORES ET DES PRÉDATEURS. ILS ONT AUSSI ACQUIS UNE CERTAINE AGILITÉ ET RENFORCÉ LEUR ÉPIDERME (COUCHE SUPÉRIEURE DE LA PEAU) PAR UN REVÊTEMENT D'ÉCAILLES. ENFIN, ILS ONT AMÉLIORÉ LEUR CAPACITÉ RESPIRATOIRE EN DÉVELOPPANT LEURS POUMONS.

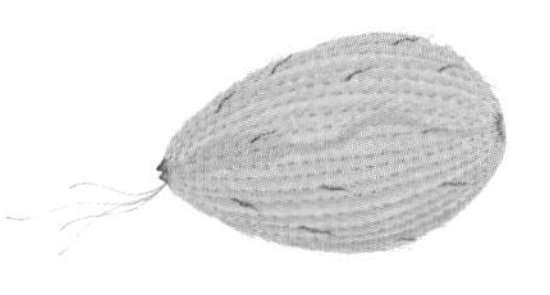

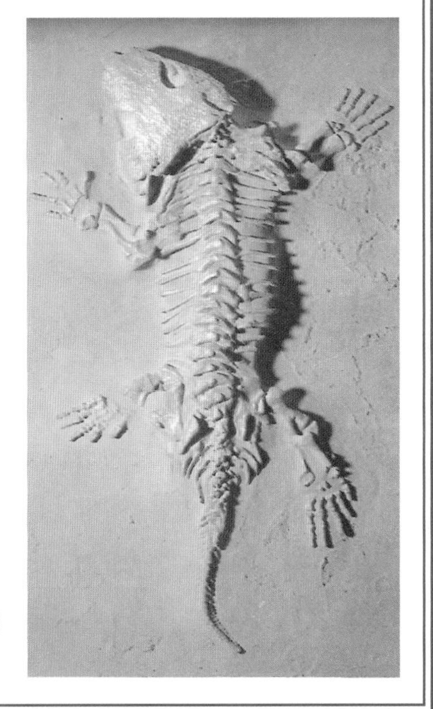

À MOITIÉ AMPHIBIEN ET À MOITIÉ REPTILE
Espèce apparue au carbonifère, *Seymoura* possède encore un crâne caractéristique des amphibiens primitifs, alors que le reste de son squelette est typiquement reptilien, notamment par la disposition des vertèbres dorsales et de la queue.

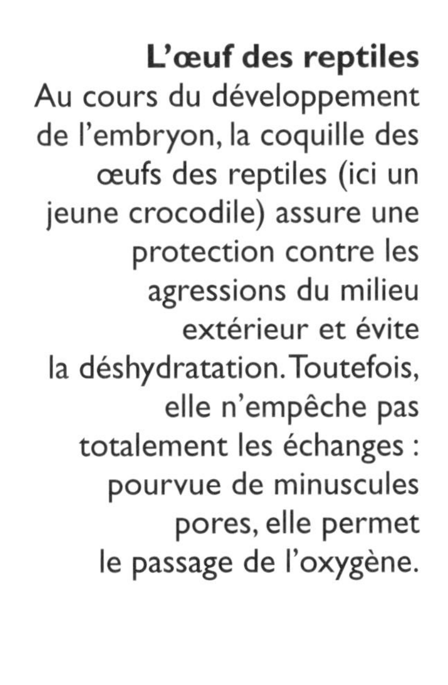

L'œuf des reptiles
Au cours du développement de l'embryon, la coquille des œufs des reptiles (ici un jeune crocodile) assure une protection contre les agressions du milieu extérieur et évite la déshydratation. Toutefois, elle n'empêche pas totalement les échanges : pourvue de minuscules pores, elle permet le passage de l'oxygène.

LE RÈGNE DES DINOSAURES

L'ère primaire, pour des raisons encore mal connues, s'acheva par l'extinction d'au moins 75 % des espèces existantes (90 % selon certaines estimations). L'ère secondaire, qui débuta voici 225 millions d'années (trias), allait être placée, pendant plus de 165 millions d'années, sous le signe de la domination des reptiles : les dinosaures sur toutes les terres émergées, les ptérosauriens dans les airs et d'autres espèces, souvent redoutables, dans les mers. Les dinosaures herbivores étaient pour la plupart quadrupèdes (à quatre pattes), tandis que la station bipède (sur deux pieds) était la plus répandue chez les carnivores, même s'ils possédaient quatre membres.

LES FOSSILES, PARTICULIÈREMENT ABONDANTS EN AMÉRIQUE DU NORD, NOUS ONT BEAUCOUP APPRIS SUR LA VIE DES DINOSAURES : ON A RETROUVÉ, PAR EXEMPLE, CÔTE À CÔTE, DES RESTES DE CARNIVORES ET CEUX D'HERBIVORES QUI ÉTAIENT LEURS VICTIMES. LES EMPREINTES DE LEURS PAS NOUS ONT AUSSI RENSEIGNÉ SUR LEURS MŒURS ET LES ŒUFS FOSSILISÉS RETROUVÉS DE NOS JOURS APPORTENT DE PRÉCIEUSES INDICATIONS SUR LES FONCTIONS BIOLOGIQUES DES DIFFÉRENTES ESPÈCES. EN REVANCHE, ON IGNORE TOUJOURS QUELLE ÉTAIT LA COULEUR DE LEUR PEAU.

Oviraptor
Ce nom, qui signifie littéralement « voleur d'œufs », lui a été donné parce que le premier fossile a été découvert à côté d'œufs, que l'on croyait appartenir à une autre espèce. En fait, il s'agissait de ses propres œufs, et il n'est pas certain que l'oviraptor ait mérité cette mauvaise réputation !

La défense des œufs et des petits
Il semble que certains dinosaures se soient montrés des parents très vigilants, comme ces protoceratops, espèces herbivores, qui formaient un cercle, face aux prédateurs, pour protéger leurs œufs et leurs petits.

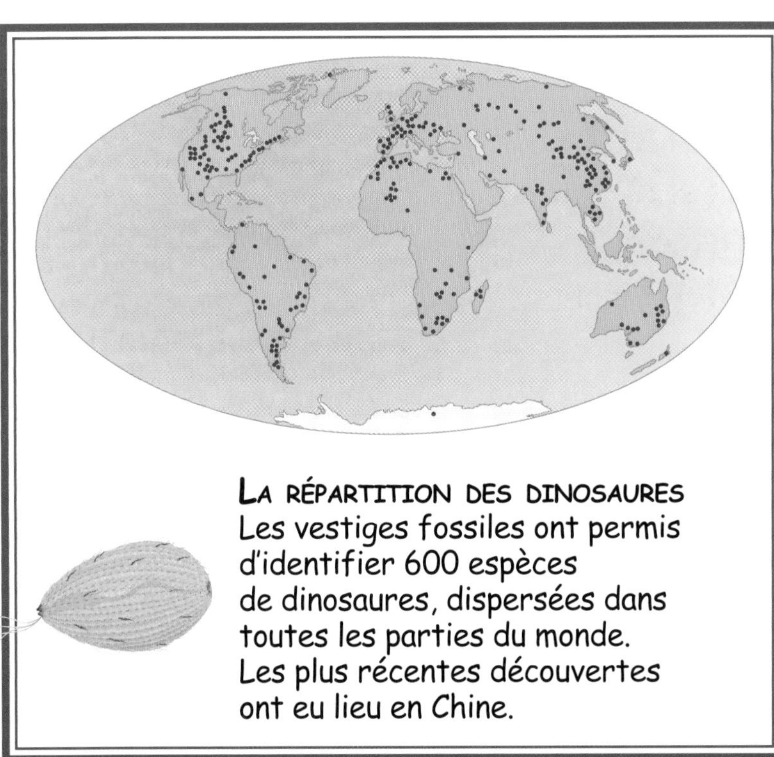

La répartition des dinosaures
Les vestiges fossiles ont permis d'identifier 600 espèces de dinosaures, dispersées dans toutes les parties du monde. Les plus récentes découvertes ont eu lieu en Chine.

Une remarquable variété de taille et d'aspect
Les reconstitutions ci-dessous révèlent la très grande diversité du groupe des dinosaures. Les plus petites espèces étaient à peine plus grosses qu'un lièvre, tandis que les géants, comme le brachiosaure, (« lézard à bras ») dépassaient les 80 tonnes !

Dinosaures des neiges
Les dinosaures étaient également présents dans les zones proches du pôle, soumises aux tempêtes de neige et aux gelées intenses. Toutefois, les fossiles mis au jour dans ces régions indiquent qu'il s'agissait d'espèces de petite taille.

HERBIVORES ET CARNIVORES

Parmi les dinosaures herbivores, on trouve quelques-uns des plus grands animaux ayant jamais vu le jour sur notre planète. Leur appétit était à la mesure de leur taille, et un mastodonte comme le diplodocus mesurait environ 30 mètres de long et 3,5 mètres de haut ! Ils étaient dépourvus de dents, c'est pourquoi ils avalaient des pierres qui jouaient dans leur estomac le rôle de meules de moulin en broyant les tiges les plus indigestes (un procédé encore utilisé aujourd'hui par les oiseaux). Les dinosaures carnivores, qui poursuivaient leurs proies, devaient être plus agiles et étaient donc plus petits ; mais le redoutable tyrannosaure pouvait quand même atteindre 7 tonnes. Il devait sans doute se contenter de chasser à l'affût et certains pensent qu'il se nourrissait en partie de corps d'animaux déjà morts.

LES DINOSAURES ONT ÉTÉ DIVISÉS EN DEUX GRANDS GROUPES, SELON LA FORME DES OS DE LEUR BASSIN : LES SAURISCHIENS, AU BASSIN DISPOSÉ COMME CELUI DES LÉZARDS (ILS SONT POUR LA PLUPART CARNIVORES), ET LES ORNITHYSCHIENS (EN MAJORITÉ HERBIVORES), QUI POSSÈDENT UN BASSIN SIMILAIRE À CELUI DES OISEAUX.

Un géant harcelé
Les dinosaures herbivores aux dimensions imposantes, comme cet iguanodon, pouvaient être victimes de prédateurs carnivores de plus petite taille. Face à un adversaire de sa taille, l'iguanodon était cependant capable de se défendre avec ses griffes puissantes.

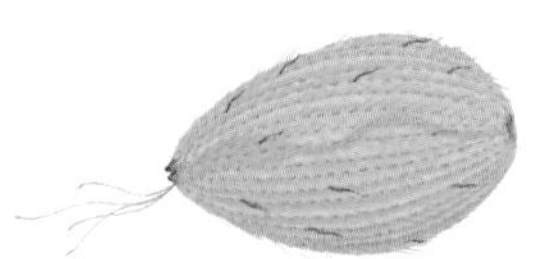

DINOSAURES À PLUMES ?
Diverses indications tendraient à prouver que les jeunes tyrannosaures avaient, comme les poussins, le corps couvert de duvet. Récemment, on a découvert en Chine des fossiles de dinosaures avec de véritables plumes, ce qui confirme leur parenté avec les oiseaux.

Deinonychus
Ce petit dinosaure agile et rapide (il pouvait atteindre 40 km/h) chassait en groupe, comme les loups. Ses pieds portaient, sur le deuxième orteil, une griffe en forme de faux qui infligeait de terribles blessures.

Les dents du tyrannosaure
La tête du tyrannosaure mesurait un peu plus d'un mètre de long et ses dents de scie, comme chez le requin blanc, constituaient de redoutables poignards.

L'apatosaure
Ce dinosaure herbivore faisait partie des géants du groupe. Mesurant jusqu'à 22 m de la tête à la queue et pesant plus de 30 tonnes, il possédait un cou suffisamment long pour lui permettre de brouter la cime des arbres.

REPTILES VOLANTS ET MONSTRES MARINS

Tandis que les dinosaures régnaient sans partage sur la terre ferme, d'autres reptiles partaient à la conquête des airs et des mers. Les ptérosauriens, ou reptiles volants, possédaient des ailes membraneuses proches de celles des chauves-souris. Certains d'entre eux pouvant atteindre 15 mètres d'envergure étaient capables d'effectuer de longs vols. Les mers de l'ère secondaire étaient habitées par des reptiles parfaitement adaptés à la vie aquatique. Ils survivront d'ailleurs aux dinosaures pendant plusieurs dizaines de millions d'années.

DE VÉRITABLES MONSTRES MARINS, TOUS D'ORIGINE REPTILIENNE, SEMAIENT LA TERREUR DANS LES OCÉANS, COMME LES MOSASAURES (10 M ENVIRON) QUI RESSEMBLAIENT À DES CROCODILES DOTÉS D'AILERONS AU LIEU DE PATTES. L'ÉLASMOSAURE AVAIT UN COU INTERMINABLE (PLUS LONG QUE LE CORPS ET LA QUEUE RÉUNIS), QU'IL PROJETAIT À UNE VITESSE FOUDROYANTE POUR CAPTURER SES PROIES.

Henodus
Son dos et son ventre étaient protégés par une carapace de plaques osseuses rappelant celle des tortues. Il avait un bec et quelques grosses dents qui lui servaient à broyer les crustacés.

Mixosaurus
Long d'environ 1 m et ressemblant à un dauphin, il fut l'un des premiers reptiles marins.

Plésiosaure
Il avançait dans l'eau en agitant verticalement ses pattes transformées en ailerons et sortait son long cou de l'eau pour mieux scruter les parages à la recherche de proies.

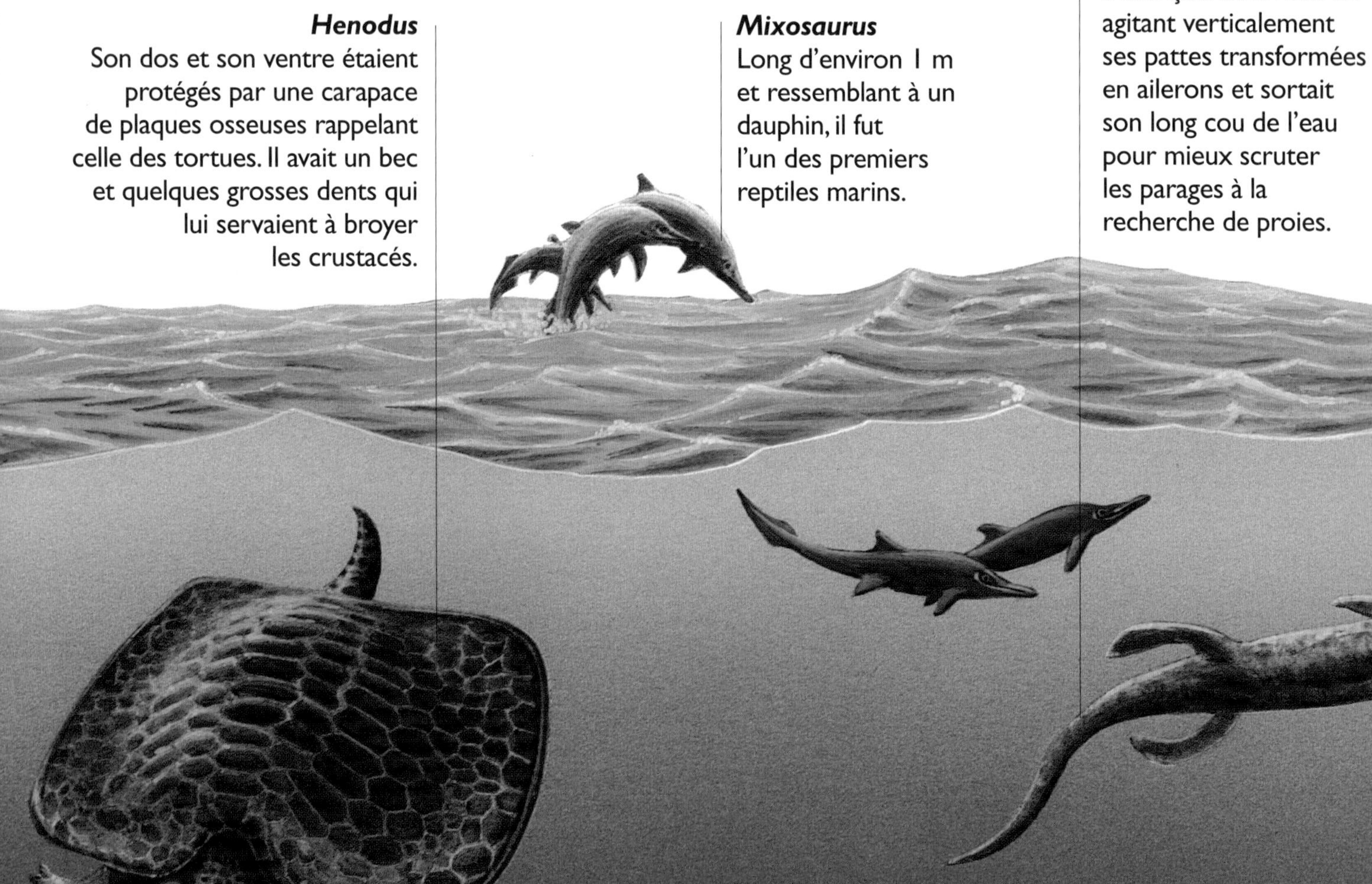

Comme chez les chauves-souris, l'armature de l'aile était constituée par le quatrième doigt, très développé.
Au repos, les ailes devaient probablement se replier.

Ramphorhynchus
Ce reptile volant, dont les restes ont été découverts en Bavière, avait une très longue queue, munie à son extrémité d'une sorte d'aileron, qui lui servait sans doute de gouvernail. Il se lançait en vol plané du haut des arbres ou du sommet des falaises, et on pense que, pour se percher, il s'accrochait la tête en bas comme les chauves-souris.

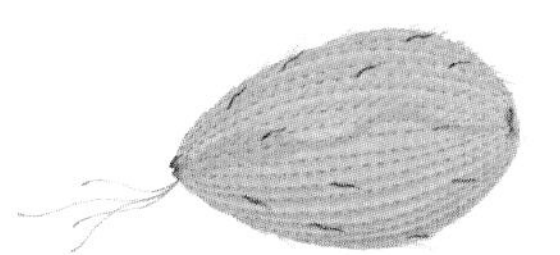

Le vol plané

Les ptérosaures semblent avoir évolué à partir de petits reptiles semblables à des lézards, utilisant leurs membranes latérales pour planer. Certains possédaient aussi de longues écailles qui se soulevaient, jouant le rôle de parachutes. Cette méthode est encore utilisée aujourd'hui par certains lézards comme le dragon volant d'Asie ou le lézard à collerette d'Australie.

PREMIÈRES PLANTES À FLEURS

Vers la fin du carbonifère, voici 350 à 300 millions d'années, la végétation développa ses premières plantes à graines sans fleurs, dites gymnospermes, comme le ginkgo et les ancêtres des conifères actuels. L'apparition des plantes à fleurs, dites angiospermes, il y a un peu plus de 100 millions d'années, sera, avec la domination des reptiles, le grand événement de l'ère secondaire.
Le stade intermédiaire entre les conifères et les plantes à fleurs a sans doute été représenté par les cycadacées, végétaux ressemblant un peu aux palmiers (mais n'appartenant pas du tout au même groupe). Parmi les toutes premières plantes à fleurs figuraient les ancêtres des magnolias et des nénuphars.

AU DÉBUT DE L'ÈRE SECONDAIRE, LES FORÊTS ÉTAIENT PEUPLÉES DE CONIFÈRES (CYPRÈS...) ET DE CALAMITES (SORTES DE PRÊLES GÉANTES, GRANDES COMME DES ARBRES). TOUT VA CHANGER AU CRÉTACÉ, AVEC L'APPARITION DES PLANTES À FLEURS : LE MONDE EN VERT ET BRUN DEVIENT UN MONDE AUX NOMBREUSES COULEURS !

Le ginkgo : la plus ancienne des plantes actuelles
Le ginkgo est surnommé « arbre aux quarante écus », car ses feuilles en éventail deviennent jaune d'or en automne. C'est aujourd'hui l'unique représentant d'un groupe de gymnospermes de la fin de l'ère primaire.

Les orchidées
Ces fleurs somptueuses sont apparues relativement tard dans l'histoire du règne végétal.

Fleurs et insectes

Les fleurs dépendent des insectes pour la pollinisation (transport du pollen), qui leur permet de se reproduire. C'est pour cette raison que les plantes angiospermes ont développé formes, couleurs et parfums pour attirer les butineurs. Les coléoptères (doryphores, coccinelles…) ont été les premiers insectes pollinisateurs, suivis des hyménoptères (abeilles, bourdons, fourmis…) et des papillons.

Magnolias primitifs
Archaeanthus (à gauche) est l'un des plus anciens fossiles de plantes à fleurs connus. Cette reconstitution montre de nombreux points communs (en particulier la taille et la structure de la fleur) avec les magnolias actuels (à droite), même si les feuilles sont différentes.

L'EXTINCTION DES DINOSAURES

Les dinosaures, qui avaient dominé le règne animal pendant plus de 160 millions d'années, n'ont pas survécu à la fin de l'ère secondaire. Cette extinction n'a pas encore été expliquée de façon satisfaisante. Elle est probablement due à un grand cataclysme qui aurait touché toute la planète, car les dinosaures n'en furent pas les seules victimes : avec eux disparurent de très nombreuses espèces, et notamment les ammonites, fossiles à coquille en spirale de 50 cm de diamètre, extrêmement abondants dans toutes les couches géologiques du secondaire, mais totalement absents ensuite. Plusieurs hypothèses ont été avancées, y compris une modification de l'axe de la Terre, mais on n'exclut pas la combinaison de plusieurs causes différentes.

Derniers survivants
Dans le sud de l'Australie, les dinosaures avaient dû s'adapter au climat froid et au long hiver polaire : de petite taille, ils avaient probablement le sang chaud et un régime omnivore (ils mangeaient des végétaux et des animaux). C'est pourquoi ils ont survécu plus longtemps qu'ailleurs.

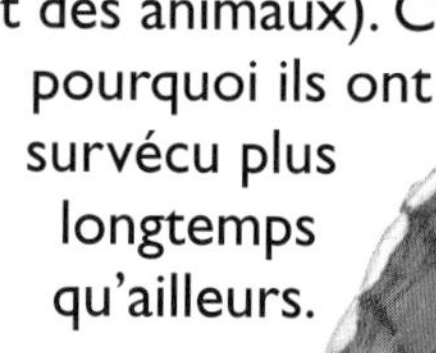

LES PREMIERS MAMMIFÈRES PRIMATES
Alors que le règne des dinosaures touchait à sa fin, les premiers mammifères primates (ancêtres des singes et des hommes) sont apparus. Le plus ancien a été appelé *Purgatorius*, du nom de la colline d'Amérique du Nord où on a retrouvé ses restes fossiles. Semblable à une musaraigne, ce petit animal aux habitudes noctambules vivait dans les arbres et il avait pour ennemi le dinosaure-autruche, capable de le capturer dans les branches grâce à sa haute taille et à sa bonne vision.

L'hypothèse de la météorite
Parmi les causes possibles de l'extinction des dinosaures, la collision de la Terre avec une gigantesque météorite est celle qui revient le plus souvent. On a même cru retrouver les traces de cet impact au Mexique, dans la province du Yucatán. Le choc aurait été si violent qu'il aurait soulevé des masses considérables de poussière, voilant le soleil et obscurcissant l'atmosphère pendant plusieurs années, et plongeant la planète dans une sorte d'interminable hiver polaire.

L'ÈRE DES REPTILES S'EST ACHEVÉE AVEC LA DISPARITION DES DINOSAURES. ON IGNORE ENCORE SI LEUR EXTINCTION FUT SOUDAINE ET RELATIVEMENT RAPIDE SUR L'ÉCHELLE DE L'ÉVOLUTION (SE DÉROULANT, PAR EXEMPLE, SUR MOINS DE 1 000 ANS), OU BIEN SI LEUR DÉCLIN DURA QUELQUES DIZAINES DE MILLIERS D'ANNÉES. LES CAUSES DE CETTE DISPARITION RESTENT L'UN DES PLUS FASCINANTS MYSTÈRES DE LA SCIENCE.

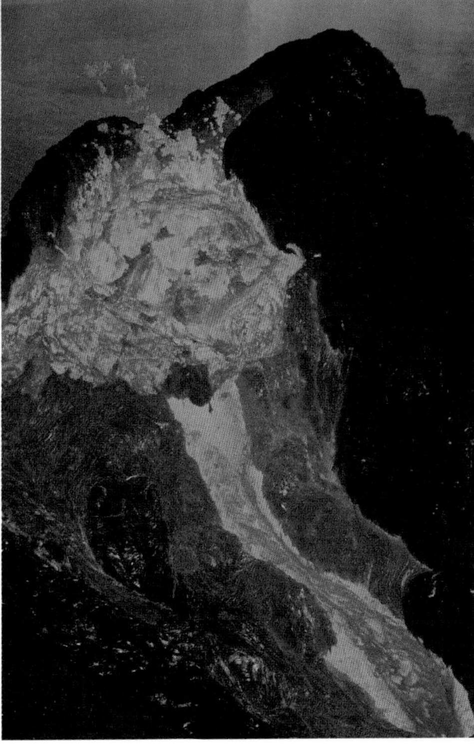

L'hypothèse du volcanisme
Selon une autre hypothèse, une forte recrudescence de l'activité volcanique aurait provoqué des variations climatiques fatales à beaucoup d'espèces, dont les dinosaures. Les modifications de l'atmosphère auraient notamment provoqué de désastreuses pluies nocives.

LES ANCÊTRES DES OISEAUX

Les dinosaures ont-ils véritablement disparu sans laisser de descendance ? Beaucoup de savants sont aujourd'hui convaincus que les oiseaux sont leurs descendants directs. Longtemps considérée comme une hypothèse fausse, cette théorie fait aujourd'hui pratiquement l'unanimité, car elle a été confirmée par des découvertes récentes. On sait notamment que les dinosaures avaient probablement le sang chaud et on a découvert que certains d'entre eux avaient des plumes. De petits dinosaures terrestres, qui auraient réussi à s'adapter à des habitats très variés, sont certainement à l'origine des oiseaux. On sait en tout cas qu'il n'y a aucun lien de parenté entre les oiseaux et les reptiles volants du type ptérosauriens qui, eux, étaient couverts de fourrure.

UN GRAND PAS A ÉTÉ FRANCHI DANS L'ÉTABLISSEMENT DES ESPÈCES À L'ORIGINE DES OISEAUX AVEC LA DÉCOUVERTE D'ARCHÉOPTÉRYX, APPARU AU JURASSIQUE : S'IL A ENCORE DES DENTS COMME LES REPTILES, IL EST APPAREMMENT LE PREMIER ANIMAL À BATTRE DES AILES POUR VOLER (LE VOL BATTU) - APTITUDE QUI DIFFÉRENCIE LES OISEAUX DES LÉZARDS VOLANTS PRATIQUANT UNIQUEMENT LE VOL PLANÉ.

L'origine des ailes
Les premiers animaux dotés de quelque chose ressemblant plus ou moins à des ailes ne s'en servaient certainement pas pour voler, mais plutôt comme d'un balancier destiné à améliorer leur équilibre. Les ailes ont ensuite permis des vols planés de plus en plus longs, la maîtrise du vol battu, et donc la conquête du milieu aérien.

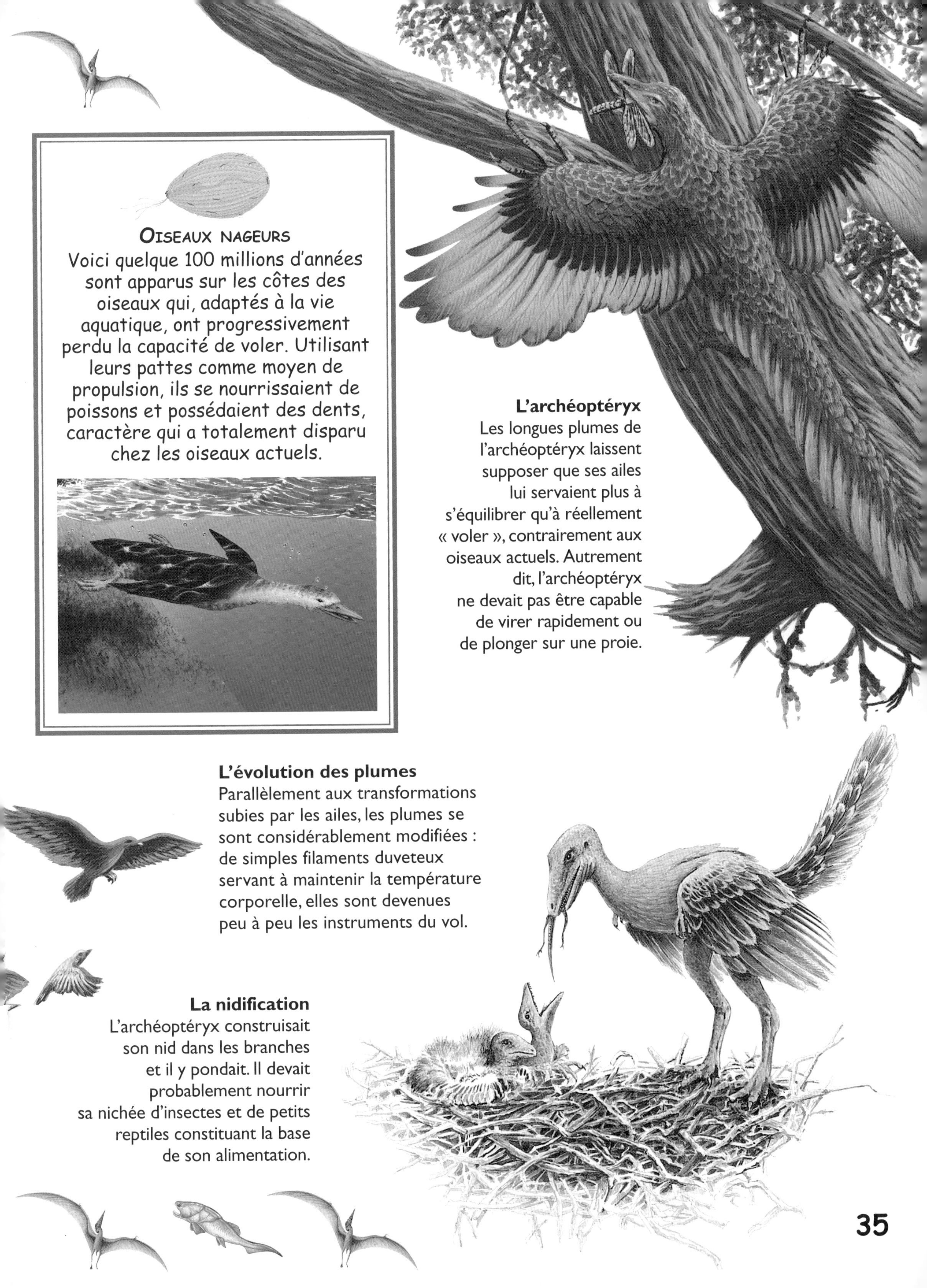

Oiseaux nageurs

Voici quelque 100 millions d'années sont apparus sur les côtes des oiseaux qui, adaptés à la vie aquatique, ont progressivement perdu la capacité de voler. Utilisant leurs pattes comme moyen de propulsion, ils se nourrissaient de poissons et possédaient des dents, caractère qui a totalement disparu chez les oiseaux actuels.

L'archéoptéryx

Les longues plumes de l'archéoptéryx laissent supposer que ses ailes lui servaient plus à s'équilibrer qu'à réellement « voler », contrairement aux oiseaux actuels. Autrement dit, l'archéoptéryx ne devait pas être capable de virer rapidement ou de plonger sur une proie.

L'évolution des plumes

Parallèlement aux transformations subies par les ailes, les plumes se sont considérablement modifiées : de simples filaments duveteux servant à maintenir la température corporelle, elles sont devenues peu à peu les instruments du vol.

La nidification

L'archéoptéryx construisait son nid dans les branches et il y pondait. Il devait probablement nourrir sa nichée d'insectes et de petits reptiles constituant la base de son alimentation.

LES DÉBUTS DES MAMMIFÈRES

Apparus voici 200 millions d'années, les mammifères ont cohabité avec les dinosaures. De taille fort modeste, ils ont adopté une activité nocturne, ce qui leur a permis d'échapper à leurs principaux ennemis : les petits et voraces dinosaures carnivores. La disparition de leurs prédateurs à la fin de l'ère secondaire a alors donné aux mammifères une occasion inespérée de conquérir de nouveaux milieux et de se répandre sur toute la planète. En dépit de leur ressemblance avec les petits rongeurs actuels, ces mammifères primitifs étaient très différents, sur le plan de l'organisation biologique, de leurs descendants de l'ère quaternaire. À cette époque, par exemple, ils étaient en majorité ovipares, comme le sont encore aujourd'hui les monotrèmes, des mammifères primitifs comme l'ornithorynque et les échidnés.

LE MOT « MAMMIFÈRES » VIENT DE LA PRÉSENCE DE MAMELLES ET DU FAIT QUE LES FEMELLES DE CE GROUPE ALLAITENT LEURS PETITS. CELA AUGMENTE LES CHANCES DE SURVIE DE L'ESPÈCE QUAND LES CONDITIONS CLIMATIQUES SONT DÉFAVORABLES OU QUE LA NOURRITURE VIENT À MANQUER. LA FOURRURE DES MAMMIFÈRES LEUR PERMET DE RÉSISTER AU FROID, CE QUI EST UN AUTRE ATOUT NON NÉGLIGEABLE.

Dans les arbres
La majorité des mammifères primitifs vivaient dans les arbres, qui leur offraient le plus sûr refuge contre les prédateurs.

Plésiadapidés
Ces petits mammifères du début de l'ère tertiaire avaient un régime alimentaire très varié, comme le révèle leur dentition. Ils ont disparu au bout de 30 à 40 millions d'années.

Planetetherium
Ce petit rongeur était assez semblable à l'écureuil volant actuel.

Ptilodus
Vivant dans les arbres et se nourrissant de graines, le *Ptilodus* appartenait à l'un des plus anciens groupes de mammifères, celui des multituberculés.

L'irrésistible expansion des mammifères

Les mammifères allaient connaître à l'ère tertiaire une remarquable expansion, donnant naissance à trois grands groupes : les marsupiaux comme le kangourou ou le koala, dont les petits se développent dans une poche ; les monotrèmes, qui pondent des œufs et qui sont aujourd'hui réduits à deux espèces : l'échidné et l'ornithorynque ; les placentaires, de loin les plus nombreux (comme le lion, l'ours, la baleine ou la chauve-souris) dont le développement embryonnaire se fait dans le corps de la mère.

Marsupiaux

Placentaires

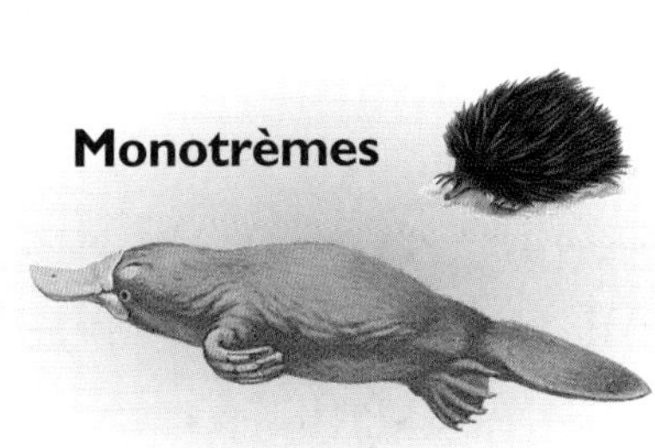

Monotrèmes

Les grands oiseaux prédateurs

Avec les dinosaures avaient disparu les principaux ennemis des petits mammifères. Ils furent remplacés par des oiseaux géants incapables de voler mais rapides à la course. Haut de plus de 2 m, avec une tête aussi grosse que celle d'un cheval, le *Diatryma* avait des griffes tranchantes et un bec crochu fait pour déchiqueter ses proies.

UNE PRODIGIEUSE FACULTÉ D'ADAPTATION

L'ère tertiaire sera marquée par l'expansion des mammifères, dont l'évolution nous est mieux connue que celle de leurs prédécesseurs, car l'on possède davantage d'informations sur les grands bouleversements climatiques qui ont eu lieu depuis 60 millions d'années. À une période de sécheresse ont succédé de longues périodes de froid intense, au cours desquelles les glaces ont recouvert plus de la moitié de la planète. Pour survivre aux grandes glaciations, les mammifères ont dû entreprendre de longues migrations. Au cours de cette période, le petit primate *Purgatorius* a sans doute été à l'origine d'une branche qui a donné naissance aux prosimiens de Madagascar, puis aux singes d'Amérique du Sud et d'Afrique.

LES MAMMIFÈRES DOIVENT PROBABLEMENT LEUR SUCCÈS À LEUR APTITUDE À S'ADAPTER AUX RÉGIMES ALIMENTAIRES LES PLUS VARIÉS. C'EST NOTAMMENT AU SEIN DE CE GROUPE QUE L'ON RENCONTRE LE PLUS D'ESPÈCES OMNIVORES, EN PARTICULIER L'HOMME.

Les prédateurs
Les mammifères carnivores ont dû développer de nouvelles stratégies de chasse, pour affronter des proies armées de cornes et aussi rapides qu'eux à la course. Les félins ont en général opté pour l'affût, qui consiste à s'embusquer pour attendre le passage de la proie ; tandis que les canidés chassaient en meute.

Les herbivores des prairies

Voici 20 millions d'années, une grande partie des continents était couverte d'immenses étendues de hautes herbes. Ce fut le domaine de ruminants de toutes sortes, et notamment de cervidés aux cornes de forme et de dimension variées.

Le retour à la mer

À l'inverse de leurs lointains ancêtres les amphibiens, qui ont délaissé l'eau pour les continents, les cétacés, tels que les baleines et les dauphins, ont abandonné les terres pour mener une existence aquatique. Il s'agissait sans doute à l'origine de mammifères vivant sur les côtes et passant le plus clair de leur temps à pêcher.

Les mammouths

Les proboscidiens primitifs, ancêtres disparus des éléphants actuels, avaient une taille encore plus impressionnante. Les plus célèbres sont les mammouths aux longues défenses recourbées. Contemporains des hommes préhistoriques, ils avaient une épaisse toison laineuse qui leur a permis de résister au froid.

LA NAISSANCE DE L'HOMME

Dans cette longue aventure de la vie, l'homme fait figure de nouveau venu puisque les hypothèses les plus extrêmes ne font pas remonter son apparition au-delà de 7 millions d'années. Nos origines sont encore entourées de mystère et les vestiges fossiles trop fragmentaires : on bâtit souvent des hypothèses à partir d'une dent ou d'un petit bout d'os ! Par chance, on a découvert le squelette presque complet de *Lucy*, spécimen féminin d'*Australopithecus afarensis* qui vivait voici 3,5 millions d'années. *Lucy* habitait encore en partie dans les arbres, mais, par la manière dont est formé son bassin, nous savons qu'elle était apte à la station bipède ; de plus, elle savait déjà se servir d'outils rudimentaires. L'*Homo habilis*, lui, apprendra à fabriquer des outils plus perfectionnés.

À MESURE QUE LA CONNAISSANCE DE NOS ORIGINES S'APPROFONDIT, BIEN DES IDÉES REÇUES S'ÉVANOUISSENT. EN PARTICULIER CELLE QUI VOULAIT QUE L'HOMME DE NEANDERTAL SOIT UNE BRANCHE « RATÉE » ET INFÉRIEURE DE L'ÉVOLUTION. S'IL N'A PAS LAISSÉ DE DESCENDANCE, L'HOMME DE NEANDERTAL N'EN A PAS MOINS MONTRÉ DE REMARQUABLES FACULTÉS TECHNOLOGIQUES, SOCIALES ET MÊME ARTISTIQUES.

Les plus anciennes traces humaines
Il ne s'agit pas d'os mais d'empreintes découvertes dans les roches volcaniques de Laetoli, en Tanzanie. Elles sont légèrement antérieures au squelette de la célèbre *Lucy*.

Une famille en fuite
Les empreintes de Laetoli ont permis la reconstitution du scénario suivant : voici 3,6 millions d'années, une famille d'australopithèques, fuyant une éruption volcanique, traversa un champ de cendres en voie de solidification et y laissa trois séries d'empreintes, aussi nettes que si elles avaient été faites dans le ciment frais.

Des hypothèses sans cesse corrigées

En l'état actuel des connaissances, il n'est toujours pas possible d'établir l'arbre phylogénétique de l'espèce humaine. Ce qui semble de plus en plus sûr, c'est qu'il s'agit d'une véritable arborescence plus que d'une évolution linéaire. Chaque nouvelle découverte a aussi repoussé dans le temps la date d'acquisition du langage, l'apparition des outils et la conquête du feu.

Nos plus proches parents

Le gorille et le chimpanzé sont les deux espèces animales les plus étroitement apparentées à l'*Homo sapiens* : leurs ADN respectifs sont presque identiques et 99 % environ de leurs gènes sont communs.

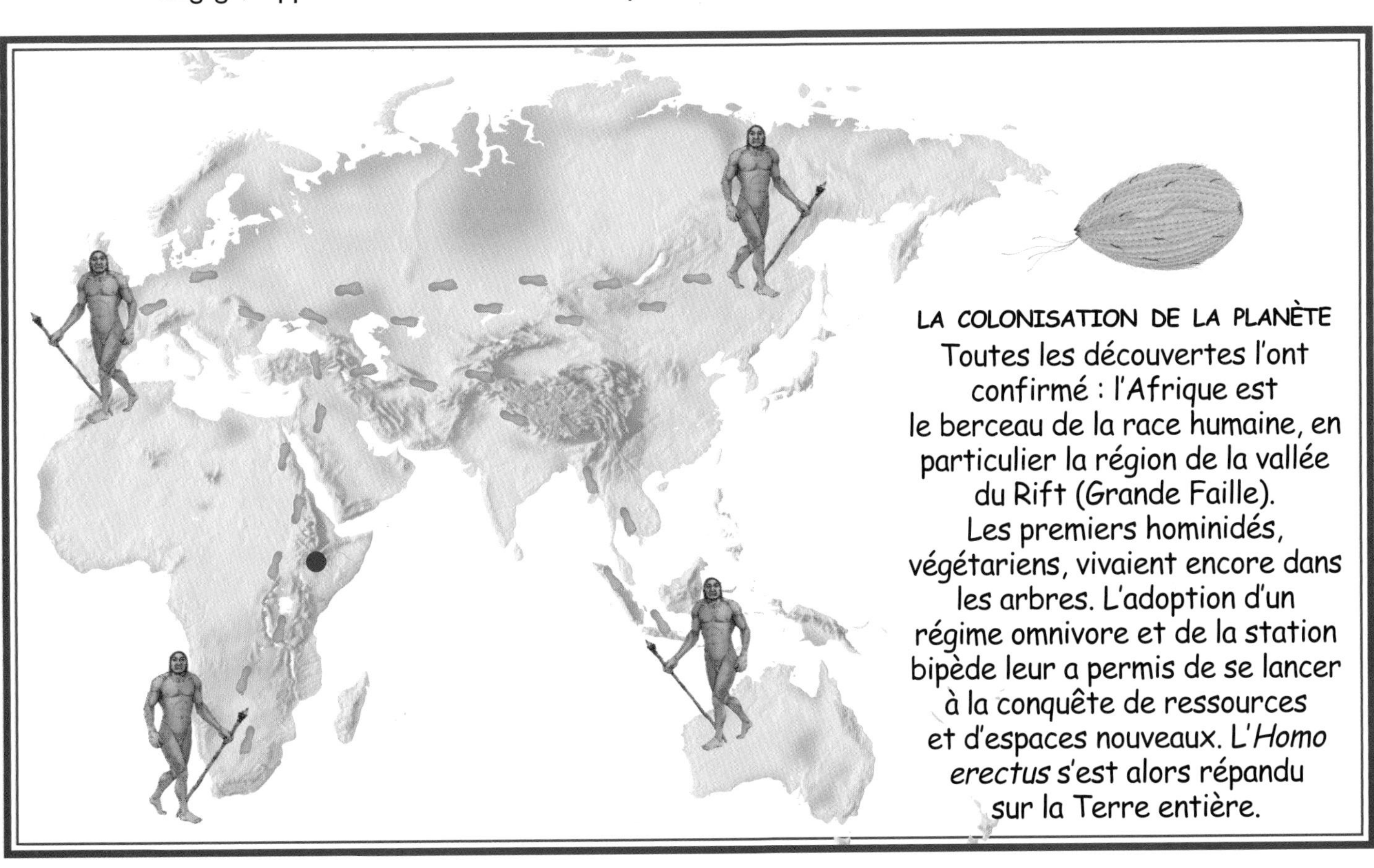

LA COLONISATION DE LA PLANÈTE

Toutes les découvertes l'ont confirmé : l'Afrique est le berceau de la race humaine, en particulier la région de la vallée du Rift (Grande Faille). Les premiers hominidés, végétariens, vivaient encore dans les arbres. L'adoption d'un régime omnivore et de la station bipède leur a permis de se lancer à la conquête de ressources et d'espaces nouveaux. L'*Homo erectus* s'est alors répandu sur la Terre entière.

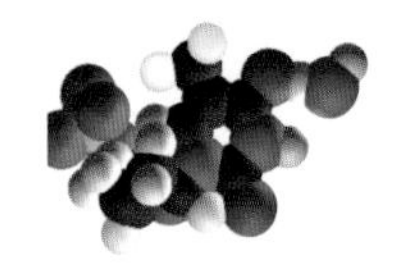

INDEX

La chronologie de la vie

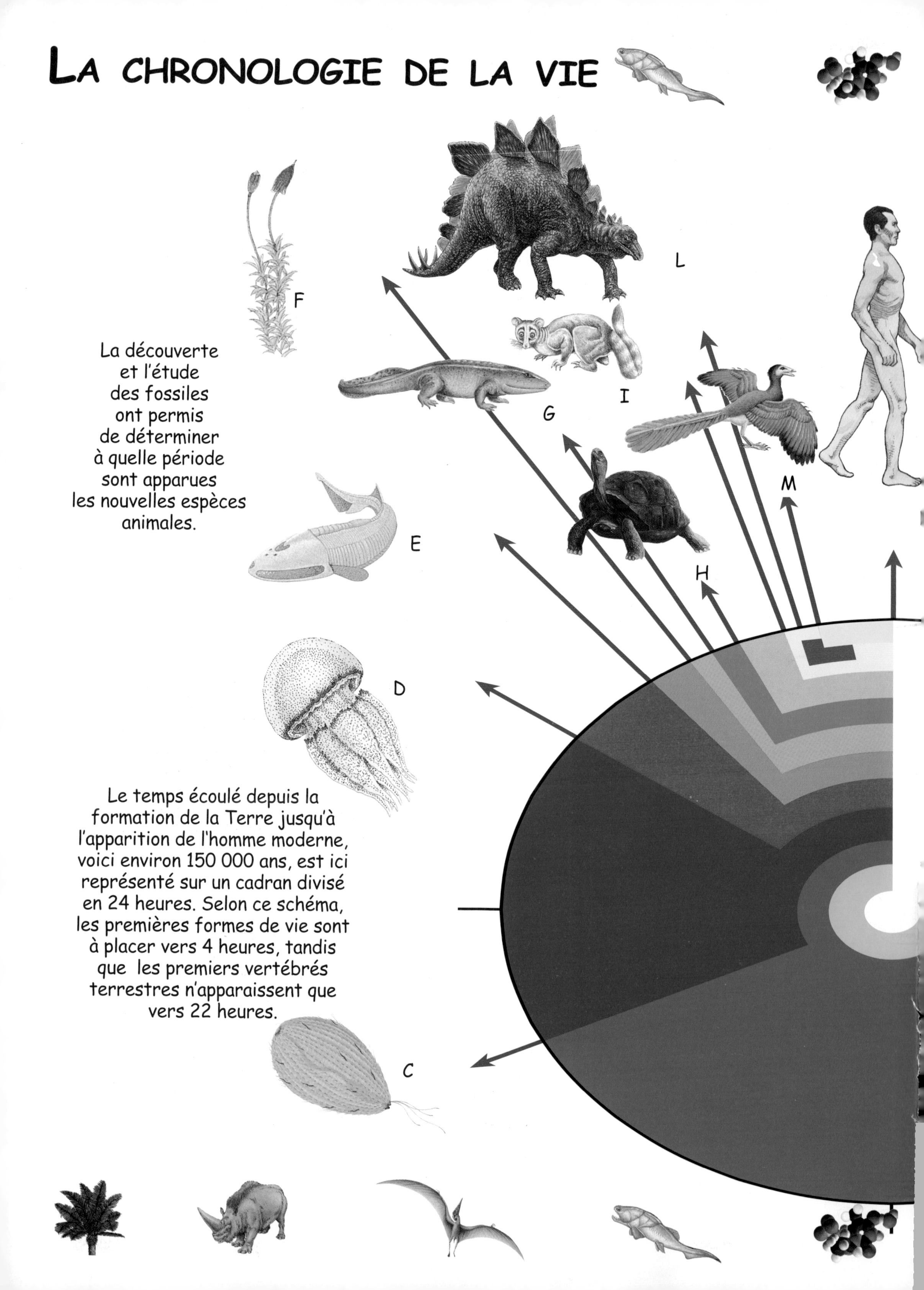

La découverte et l'étude des fossiles ont permis de déterminer à quelle période sont apparues les nouvelles espèces animales.

Le temps écoulé depuis la formation de la Terre jusqu'à l'apparition de l'homme moderne, voici environ 150 000 ans, est ici représenté sur un cadran divisé en 24 heures. Selon ce schéma, les premières formes de vie sont à placer vers 4 heures, tandis que les premiers vertébrés terrestres n'apparaissent que vers 22 heures.